最高の自分を演出する

第一印象で好感度アップ ビジネスメイクの新ルール

尾花ケイコ

はじめに

・毎朝メイクをしているけれど面倒くさい。
・メイクをしているのにノーメイクだと思われる。
・学生時代に覚えたメイクの延長で、いまも同じメイク方法のまま。
・そもそも自分に似合うメイク方法がよくわからない。

あなたもこんな経験はありませんか？

一通りの手順を踏んでメイクをしているのにもかかわらず、効果を実感できない女性が世の中には大勢います。効果がないので、朝の貴重な時間が惜しくなり、さらにメイクが嫌いになってしまう……そんな負のスパイラルにおちいってしまうこともあるかもしれません。

けれども、「人は見た目が九割」といわれることもあるように、だれしも容姿に関して好き嫌いがあり、ルックスが人に大きく影響を与えます。それはビジネスでも変わりません。ある程度見た目で判断されてしまうのが、現実なのです。

特に重要なのは、初対面のときの第一印象です。就活も婚活もそうですが、取引先との商談にしろ、さまざまな打ち合わせにしろ、初対面でいかに自分をよく見せられるかが勝負なのです。言葉を発しなくても、第一印象だけで嫌われるのは一番損なことですよね。

これからの時代、まずは見た目から選んでいただけるような人材になることが大切なのではないでしょうか。

では、ビジネスの場で好感を持たれる「見た目」とはどのようなものでしょうか。それは、「信頼感」です。

ビジネスでは「信頼される顔」が絶対必要です。

信頼される顔とはどんな顔か？　逆に、「信頼されない顔」とはなにかを考えてみましょう。たとえば髪がボサボサで肌が荒れていて、目の下にはクマがある……。または異常に長いまつ毛のエクステンション、オフィスにそぐわないギラギラに輝くアイメイクをしている。いくら仕事ができる人でも、そんな風にマナーから逸脱しては、ビジネスパーソンとしては失格でしょう。

一方、上手にメイクを施し欠点をカバーして、仕事も恋も上昇気流に乗る女性がいます。実は、そんな女性は朝のお手入れで寝不足でできたクマをなかったことにしたり、二日酔いでむくんだ顔をカバーしたりしているのです。

つまり、メイクでいくらでも「レバレッジ」が効くのです。レバレッジとは英語の一般名詞（leverage）。てこの作用、力、影響力などの意味があります。最近では、小さなインプットで大きなアウトプットをさす経済用語としても使われています。社会人ならメイクのレバレッジ力を使わない手はありません。

私が本書で提案したい「ビジネスメイク」とは、仕事を成功させるためのメイクです。ビジネスで成功するには次の三つが大切です。

1　まず相手に覚えていただく
2　自分に興味をもっていただく
3　組織や会社にとって求められる人材になる

女性ならメイクすることでこの三つを達成できるのです。ビジネスで相手から認められるためには、まずきっかけが必要です。そのきっかけはメイクを通じて、自分の手でつくれます。たかがメイク、されどメイクなのです。一つのパーツが整っただけで、さまざまな相乗効果があります。メイクがうまくできると、仕事がスムーズに進んだり、初対面の相手に好感を持っていただけたりするのです。

そして、それができるのは女性だけ。ここがポイントです。メイクは女性だけに許された究極の自己ブランディング法だと考えてみてください。プレゼンのときは信頼される顔に、接客業ならリピートしていただける顔に。これらもメイクでつくることができます。

それは、単なる職場にふさわしいメイクではありません。それはいわゆるオフィスメイクで、一般的にはナチュラルメイクがよいとされます。これに対し、職場環境に合わせ、自分がどう見られるのか戦略的に考えて行うのが、私の提案するビジネスメイクです。

そこで大事なのは、どんな自分になりたいのか、自分自身を上手に演出すること。つまり、メイクによる自己ブランディングの提案です。

したがって尾花流ビジネスメイクのポイントは三つ。

1 自己分析をする
2 職場環境を考える
3 メンターを持つ。そして分析する

メンターとは「助言者、師匠、教育者、後見人」という意味で、仕事やキャリアの〝お手本〟となる存在のことをいいます。多くの女性は、服のコーディネートは考えても、ヘアとメイクと服のトータルコーディネートにまで気がまわらない方が多いと感じます。

けれども、職場環境に合わせたり、その日に会う相手のことを考えたメイクをしてこそ、知性ある大人の女性といえるのではないでしょうか。

ちなみに「化粧」は、「基礎化粧」と「メイクアップ」という二つの行為に分けられます。「基礎化粧」とは、洗顔をし、化粧水、乳液を重ねるといった行為のこと。

「メイクアップ」は、下地クリームを塗り、ファンデーションを塗り、眉を描き、マスカラやアイシャドウ、口紅を塗るなどの行為です。

本書の第一部【理論編】では、メイクをすることでなぜビジネスが有利になるのかということや、ビジネスメイクの三つのポイントについてお伝えします。

第二部【実践編】では、具体的な「メイクアップ」法をお伝えします。


いままでヘアメイクアップ・アーティストとして、ナチュラルなメイク法をお伝えしてきましたが、ビジネスシーンに特化した内容は、本書がはじめてです。いままでの著書と調子を変えて、ビジネスメイクについて掘り下げて、お伝えしたいと思います。日々、化粧品は進化しており、テクニックいらずで簡単に自分の理想とする肌・印象を作れる時代です。時代を感じ、自分を客観的に考える目を持つこと。それによっていつまでもフレッシュな自分を楽しみ、美の更新をし続けることができると確信しています。

メイクには、心のなかまで変えてしまう大きなパワーがあります。メイクが上達すると、気持ちまで前向きになります。

働く女性のみなさんが本書を参考にメイクを変えることで、毎日の仕事が少しでも楽しくなれば、こんなに嬉しいことはありません。

メイクの力を信じてHappyな毎日を！

尾花ケイコ

CONTENTS

PART 2
【実践編】

2

出勤前の時短メイク パーフェクトガイド

3

シーン別のレバレッジポイント

4

本書は小社より2010年に刊行された『好感度が10倍アップするビジネスメイク術』の新装・改訂版です。

PART 1

【理論編】

1

ビジネスメイクで仕事がうまくいく

メイクをする意義

CASE［1］スッピンで損をしたA子さん

コンサルタント　三十六歳

A子さんは某外資系企業で働いています。

職場では中堅どころとなり、仕事も楽しくなってきました。お肌の状態もよく、キメも細かくてファンデーションいらずなのが自慢です。大学生のころからスッピンで、現在もそのまま。肌には自信があるので洗顔のあとは化粧水をパシャパシャつけて終わり。高価な化粧品に興味もありません。三十六年間、ずっとスッピンだったので、そのポリシーを変える気もありません。

そんな美肌自慢のA子さんでしたが、三十五歳を過ぎたころからシミがポツポツ出てきました。ある日、お客様とお話していると四十代に見られてしまい、大ショック！　なぜか実年齢より老けて見られることが多くなったのです。

さらにショックなことがありました。

新しいマネージャーを決めるにあたり、同僚から自分を評価される「三六〇度評価[※1]」が導入されたのです。

そこでのA子さんの評価は、

「仕事はできるけれど、ノーメイクなのが気になる」

「お客さまと話す際に眉毛があまりにもボサボサなのはちょっと……」

と容姿に関する意見が多く、A子さんはとまどいました。

「仕事はちゃんとしているんだから、別に外見なんて関係ないじゃない」

と思ったのです。しかし、マネージャーにはA子さんと同じようなキャリアを持つ同僚のD子さんに決まりました。

※1
三六〇度評価
正式には多面評価と呼ばれる。通常の上司からだけの評価ではなく、部下や同僚、仕事で関係のある他部門の担当者、さらには取引先や顧客による評価といった、多方面から人材を評価する制度のこと。

Ａ子さんは、容姿で差別されたことに納得がいきませんでした。

上司に抗議すると、

「仕事に支障はないが、君の顔はわが社の顔でもある。同じ能力で、マナーがきちんとしている人とそうでない人がいたら、君はどちらを選ぶ？」

と逆に聞かれ、Ａ子さんは黙ってしまいました。


Ａ子さんは仕事に熱中するあまり、徹夜もあたりまえになり、髪はボサボサ、肌もボロボロになっていました。これでは会社の顔として、ましてや人前に出ることの多いマネージャー職に就くことは難しいでしょう。

Ａ子さんのように一生懸命に仕事をすることはすばらしいことですが、どんなに忙しくても最低限の身だしなみには気をつけなくてはいけません。男性はメイクをしないので、普段と忙しいときとの落差はあまりありませんが、女性は年齢とともにあからさまにその差が表れます。

逆にいえば、徹夜あけのむくんだ顔も、ボロボロの肌も、メイクでいくらでもリカバリーできたのです。最初は同じ能力と評価されていたD子さんは、身だしなみやメイクで評価が上がりました。これこそ、ビジネスメイク・レバレッジといえるでしょう。

メイクは自分にとっての快・不快だけではなく、社会人なら相手にとっての快・不快をも基準に考えなくてはいけません。

メイクをする意義

CASE［2］厚化粧でしくじったB子さん

ITメーカー勤務　二十八歳

B子さんは、メイクが大好きな入社五年めの会社員。

メイクにはいつも一時間を費やし、出社します。会社に気になる男性がいるので、朝からつけまつげをつけ、いつだって全力メイク。口もとも先月発売された人気ブランドの最新色グロスで仕上げました。

B子さんが勤める会社は、新進気鋭のＩＴ企業です。結果を出せば、若くても出世できます。ですから、B子さんもがんばって仕事をしていましたが、ふと気づくと、同僚が責任のあるプロジェクトを任されていました。

仕事は同じくらいできるはずなのに、なぜ自分が選ばれないのか？

不安な気持ちを隠すように、お気に入りの香水を多めにスプレーするB子さん。気になる彼は取引先の地味な女性とつき合っている、といういやな噂も聞きます。

担当する仕事はリサーチ業務やデータ解析など手間のかかる仕事が多く、最近は残業ばかり。睡眠不足もたたってお肌の調子もよくありません。

いまのB子さんの最大の悩みは、「カバー力のある一万円のファンデーションに替えたほうがいいか？　それとも保湿力のある三万円の美容液を買うべきか？」。

残念なことにB子さんは、自分が社内で浮いた存在であることに気づいていません。

男性社員からは、

「B子さんはいつも化粧が派手。取引先の人も引いてしまうので、恥ずかしくて営業に同行させられない」

「本人はおしゃれのつもりなんだろうけど、化粧品や香水の匂いがきつい。デパートの化粧品売り場みたいな匂いがして困る」

と本人の思惑《おもわく》とは真逆な評価でした。

同性でも相手のメイクについてもの申すのは気が引けますし、男性社員ならなおさらでしょう。そんなわけで、彼女は誰からもメイクについて注意されることもなく、キャリアアップとは無縁な日々を過ごしています。

◆◆◆

あなたは、B子さんのことをどう思いましたか?

いくら仕事ができても職場環境に合ったメイクでなければ、評価対象外になってしまいます。職場にバシッと注意できる上司や同僚がいればよいのですが、そんな人がいるとは限りません。

メイクも香水も、本来は自分を素敵に演出するための道具だったはず。なにごとも適度なバランスが必要なのです。

あたりまえのことですが、会社は仕事をする場所であって、メイクを披露する場ではありません。メイクで自分らしさをアピールすることは大切ですが、〝メイクの印象〟だけが残るというのはさすがに残念です。

女性の武器であるメイクの使い方を間違えると、こんな風にあなたの足をひっぱることもあるのです。

節度あるメイクこそ、知性あるビジネスメイクになります。

メイクをする意義

CASE［3］

メイクで成功したC子さん

営業職　二十三歳

C子さんは入社したてで仕事もわからないことが多く、取引先の方と会うときは緊張して、いつも目が泳いでしまいます。

「仕事は場数を踏んで経験するしかない。せめてメイクで落ち着いた印象にならないかな」とC子さんは悩みます。

見よう見まねで大人っぽい雰囲気のメイクに挑戦してみますが、ただ厚化粧になるだけ……。変わりたいけれど変われない。

そこで、C子さんは、プロにメイクをしてもらおうと思いました。

あるメイクセミナーに参加すると、講師から眉とアイメイクを変えるようアドバイスをされました。

C子さんは、高校時代にある歌手に憧れて細い眉毛にしていた時期があり、そのころに毛を抜き過ぎて、以後眉尻が生えてこなくなりました。

眉は時代を映す鏡。いまは適度な太さのある眉が主流です。細すぎる眉は流行遅れを全面にアピールしていて、いただけません。そこで、自然な毛並みを演出するメイク方法を教わったのです。

眉を変えるだけで、顔の印象は八割変わります。

またC子さんはアイライナーがうまく使えず、アイラインの引き方が苦手でした。大人っぽく見せるために濃い色をのせてみますが、ただのせるだけでは不自然になります。

そこで、アイライナーの正しい使い方を教わりました。線はガタガタでもかまいません。一気に描かず、目のキワ（まつげとまつげの間）を埋めるように少しずつ描きたして、そのラインを綿棒でぼかせば完成です。

眉と目もとを変えた時間は合計十分。それだけで、C子さんの目もとは印象的に変身しました。ご本人も短時間で雰囲気が変わったことに驚くとともに、「これなら自分でも毎日できます」と、すぐにそのメイク法をマスターしました。

変身したC子さんが出社すると、職場の評判も上々。女性はもちろん、普段は変化に気づかない男性からも「化粧変えたの？　いいね！」と褒められました。

いまは名刺交換も、相手の目をしっかり見てできるようになりました。さらに、自分の意志を感じさせる眉メイクのおかげで、いままで苦手だった飛び込み営業も積極的にできるようになり、得意先にも信頼される存在になりました。

初対面の人を見て「一番記憶に残るパーツは目」といいますが、まさに目は口ほどにものをいう、ということです。

C子さんのように、アイメイクがバッチリ決まるだけで、なぜかやる気のスイッチが入ることってありませんか？　これこそメイクのパワーです。

メイクをしなかったために評価されなかったA子さん、過度にメイクをしてしまったB子さん。この二人に欠けていて、C子さんにあったものはなんでしょうか？

それは、客観性です。

C子さんは「このままではマズい」と思い、第三者の手に自分を委ねました。

ビジネスメイクに必要なのは、自分を俯瞰《ふかん》することです。無意識に日々のルーティンとしてメイクをしていたのでは進歩がありません。

どんな職場なのか、誰と会うのか、そういったことを踏まえたうえで、「なりたい顔」を自分で演出します。それがビジネスメイクにおける自己ブランディング法です。

だれでも客観性を持てば、簡単に変わることができるのです。

メイクが女性を美しく前向きにしてくれる

女性が朝、鏡に向かってメイクをする姿はまさに戦闘態勢。「さぁ、今日も仕事をするぞ」とビジネスモードがオンになる瞬間です。帰宅してメイクを落とすと「ああ、今日も一日が終わった！」と実感する方も多いはず。メイクをする女性は、こんな風にオンとオフのメリハリがあるのではないでしょうか。

心理学の調査では、メイクをすることで社交的になれたり、自己肯定が増したりする、という裏づけもされているそうです。

ある化粧品メーカーは、高齢者介護施設での美容講座や、老人ホームでメイクをするボランティア活動を行っています。その結果、参加者はみずから進んでメイクをはじめたり、リハビリに積極的に参加するようになったそうです。「いつもよりちょっとキレイ」になる行為は、いくつになっても女性を動かす大きなパワーになります。

では、どうして私たちはメイクをするのでしょうか？

美しくあれば、それだけで自分の価値が上がり、企業の採用試験で好印象を与えられたり、なにかと優遇されるだろう、という期待もあるかもしれません。いつの時代も「見た目」による制約を受けやすいのは女性です。そこから解放されるために女性はメイクをするのでしょうか。

一言でいえば、「楽しい」からです。

男性にしてみれば、年間何十万円も化粧品につぎ込み、お手入れをしたり、いろいろ塗りたくっている作業は面倒としか思えないでしょう。

でも！　その面倒な作業自体が楽しいのです。なぜならスキンケアを含め、メイクは自分を確実によく見せられる、女性だけに許された特別なツールだからです。

メイクをすると「いつもの自分じゃない！」と笑顔になり、どんな方でもテンションが上がっていきます。その高揚感がすごいため、それを見ている私も嬉しくなります。女子高生から六十代の方まで、女性なら誰でも同じリアクションをします。年齢は関係ありません。新しい化粧品をあけるときのワクワク感や使用するときの高揚感。これらが女性を美しく、前向きにさせる源です。女性にとってキレイを更新することは楽しく、大事な作業なのです。

本書でいうビジネスメイクは、「男性のため」「自分のため」ではなく、「仕事のため」のメイクです。結局は自分のためにすることなのですが、まず相手を考えることこそがビジネスメイクなのです。男性受けを狙ったメイクはプライベートでぜひどうぞ。

昔はビジネスといえば、「男の世界」というイメージでしたよね。

でも、いま働いている二十〜三十代女性たちは、男性社会に翻弄《ほんろう》された世代ではなく、女が権利を勝ち取るもの、と肩パットで男女雇用機会均等法を突き進んでいった世代でもありません。

職場には、男性も女性も、女性の上司も男性の部下もいてあたりまえの時代です。

私は、みんなが気持ちよく仕事をするために、職場環境を意識してみよう、と提案したいのです。化粧をする行為は、誰かに見られることが前提です。見られる相手をターゲティング[※2]する。それには自分の置かれた状況を把握し、客観的に自分をとらえることが重要なのです。

それではビジネスメイクをすると、どんないいことがあるのか、説明していきましょう。

※2
ターゲティング
マーケティング用語。自社製品を市場に投入する際、どの顧客層を標的市場にするかを決めること。

PART 1 【理論編】

2

ビジネスメイク 4つのメリット

メリット

1

仕事がスムーズに進むようになる

あなたの内面やスキルがすばらしくても、それを表す外側のパッケージがよくなければ、あなたのよさは正確に伝わりません。いくら優秀でもヨレヨレのスーツに、ボサボサのヘアスタイルでは、「またこの人と一緒に仕事がしたい」とは思っていただけないでしょう。

ビジネスは相手を選べない、限定された世界だからこそ、お互い気持ちよく働きたいもの。不快感を与え、むだに敵をつくっては仕事は、やりにくいものです。

職場でうまく立ち回るには、敵をつくらず、受け入れてもらうことも大事です。一生懸命働いている姿に好感を持たれれば、あなたの味方が増えます。男性にはメイクという手段がない分、素の自分で勝負しなければなりません（最近は眉を整える男性も増えましたが）。第一印象の操作は、女性の方がメイクというツールがある分、有利かもしれません。

「外見」はやはり初対面での重要な判断材料の一つです。ビジネスシーンで見た目を整えることが仕事に良い影響を及ぼすことは明らかでしょう。メイクはいわばコミュニケーションツールなのです。

メイクは、好感度や清潔感を演出できるツールです。好感を与えるツールだからこそ存分に使いこなしてこそ、現代の「できる女性」といえるでしょう。

メリット

2

キャリアップにつながる

ある程度仕事ができるようになると、「そろそろ次のレベルにいきたいな」と思うのが、向上心旺盛な「できる女」です。自分のいるステージを上げたいと思うなら、次のステージにふさわしい服装や容姿にするのは当然の行為です。

就活中の学生、転職を考える第二新卒組、派遣社員、だれにでも共通していえることは、まず書類選考で落ちないことです。

自分の学歴や経歴も判断材料になりますが、どんな採用担当者でも顔をチェックするので、証明写真も大きなポイントになります。ここで落とされないためにも、ビジネスメイクで自己ブランディングをすることが大切です。

私がまだプロのヘアメイクアップ・アーティストになる前の話です。

当時、私が働いていたサロンに弁護士の女性がいらっしゃいました。その方のオーダーは「三十代なのに童顔でいやなんです。信頼される顔にしてほしい」というものでした。詳しく話を聞くと、大手弁護士事務所へ転職も考えているとか。法律のプロなのに、幼い顔だと弁護を頼むほうもなんとなく不安ですよね。彼女は自分でそのことを自覚なさっていました。

そこで、アイメイクで印象を変えることにしました。

目、鼻、口が求心的[※3]に全部中央にまとまっていると子どもっぽい印象になります。そのため、遠心的に見えるメイクをしたのです。クリクリとした丸い目よりも、スッキリした目元のほうが知的な印象がアップします。つまり、顔のパーツを離すメイクをしたのです。

骨格に沿って入れるチークも丸くホワッとするよりは、むだな肉がない大人

※3 求心的な顔
顔のパーツが中心に集まっていること。

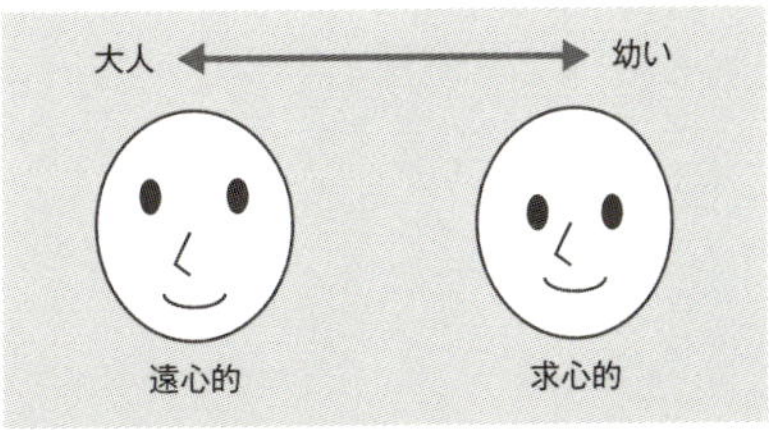

の骨格を意識してシャープに入れました。

その結果、大人っぽくなり歳相応に見えるようになりました。ご本人も満足され、そのまま証明写真を撮影しに行きました。そして彼女はみごとに希望していた弁護士事務所に転職！　現在は一流の弁護士としてご活躍しているそうです。


彼女のように、実年齢よりも若く見られ不利に感じる女性もいるのです。大事な交渉ごとでなめられる、という場合には自己ブランディングをして、ぜひ挑戦していただきたいです。

また、つり目できつい顔に見られる人なら、下まぶたにちょっとアイラインを入れることで、おだやかでやさしい表情に変わります（具体的なテクニックは「実践」編でお伝えします）。

「このチャンスを絶対ものにしたい！」というときに、このようにメイクは威力を発揮します。キャリアアップのチャンスは一生のうちにそう何度も訪れるものではありません。適切なビジネスメイクによって、少ないチャンスをものにすることができるのです。

メリット

3

あなたの顔が会社の顔になる

毎年、新入社員の入社時期になると美容雑誌では第一印象をよくするメイク方法の特集が組まれます。最近は、就活前に学校主催のメイク研修も行われたり、学生時代の自己流メイクをリセットし、社会人向きのビジネスメイクを教わる機会も増えてきました。

一見無個性な就活メイクですが、社会人になるための通過儀礼としては必要なことです。スーツを着るだけで、なんだか大人になったような気になるのもいいですし、やはり格好が変われば、意識もおのずと変わるものです。

社会人になったら、それまでの学生メイクから卒業しましょう。なぜならあなたの顔が会社の顔になるからです。会社の規模が違っても、お客様に対応しているあなたが会社そのもののイメージになります。

過剰なほど長いまつげエクステをつけて悪目立ちしていませんか？　またはスッピンで出社していないでしょうか？　よかれと思ってメイクをしてもオフィスで浮いてしまうことがあります。大事なのは調和がとれていること。ビジネスの場なら個性的なメイクは避けたほうが無難です。良識ある女性なら、

「オフィスだったらどぎついラメはダメだな」とか、

「こんな激しいブルーのアイシャドウを使っちゃダメだな」

と、場の空気を読むべきです。自己満足でしかないメイクは、ビジネスシーンではいただけません。

あなたにとってはおしゃれのつもりでも、一社会人としては品性を疑われてしまいます。

働いているときは、常に会社の代表として見られていると思ってください。

「企業の顔＝ブランドイメージ」ということは、そこで働く人の顔を見ればその企業らしさも見えてくる、ということでもあります。

たとえば航空会社には必ずメイク研修があります。飛行機に乗ると、顔立ちは違っても同じ制服、同じメイクなので、その会社らしさを感じることができます。お客さまが搭乗したとき一定の安心感を感じさせるのもサービスの一つです。

一方、知人のヘアメイクアーティストは、ギャル系の洋服ブランドのスタッフ向けにメイク講習会をしていました。目のまわりを黒のアイライナーで囲うようなメイクや、つけまつげのつけ方をマスターしないと、そのブランドらしさが出ないからです。

アパレル業界でも当然、デザイナーが提案する毎シーズンの女性像を体現する必要があります。お客様がショップ店員に憧れて服が売れることも多く、スタッフがそのブランドらしくあることは売上に貢献する重大な任務です。つまり、ギャルメイクがそのお店で働くための企業ブランディングになっているのです。

しかし一般企業でメイク研修のある企業はそう多くはありません。美容関係、アパレル関係など美しさを売る業種であっても、です。

「今日はこういう方と会うから、この色を選んだほうが安心感を持っていただけるかな」と、自分のことではなく、相手のことを気づかえる思いやりを持つことが、知性や品位ある行動につながります。

極端なことをいえば、その会社らしい社風を反映したメイクをするだけで、それらしく見えるのもメイクの威力。利用しない手はありません。メイクセミナーのない企業なら、あこがれる上司や先輩のメイクやファッションを参考にするのが、会社に溶け込む近道になるかもしれません。

メリット
4
コミュニケーションが円滑になる

ビジネスメイクは「美人に見える」メイクとは違います。「美人に見える」ことが着地点ではないからです。絶世の美女でも笑わずにムッとした表情で仕事をしていれば、会社でよい人間関係を築くのは難しいでしょう。たとえ造形がイマイチだったとしても、ニコニコしているだけで絶対に女性は感じよく見えます。

このように、顔の造形はまったく問題ありません。笑っていれば魅力も十倍アップします。これからは表情豊かな人が強い時代だと私は思います。

なにもしなくても自分の気持ちが伝わるというのはなかなか難しいことです。顔つき、目力すべてが円滑なコミュニケーションにつながります。

いま必要な人材は、男女問わず内から出てくる生命力や「気持ちのいい人」と思わせるような人物です。たとえば、メイクでいえばアイメイク。生き生きとした表情を演出するのに役立ちます。マスカラやビューラーを使えば簡単に目力をアップすることができます。

目を合わせるのが苦手な女性が、アイメイクを変えたことで自信がつき、相手の目を見て話せるようになったケースもあります。

メイクの力は偉大です！　メイクの力をうまく取り入れて円滑なコミュニケーションを行いましょう。

次章では好感度を上げるための具体的なテクニックをご紹介します。

PART 1
【理論編】

3

好感度アップ 3つのポイント

ポイント

1

清潔感

素肌以上の素肌美をつくる

好感度アップのビジネスメイク、第一のポイントは肌にあります。

現代社会ではだれしもストレスにさらされますし、好き好んで悪い肌状態になっている人はもちろんいません。肌あれの原因もさまざまです。美肌はすべての女性の願いです。

肌のキレイな人を見れば「どんなことをしているのだろう」、と気になりますし、あまりにもガサガサだったり、ボロボロだったりすると、「不規則な生活なのかな？　忙しそうだな」と思い心配になります。

顔のなかで人に見られる面積も一番広い。肌こそ自己ブランディングのしがいがある場所ともいえます。

キレイな肌でいることは、その人の内側をも物語ります。清潔感を演出するという意味でもベースメークはとても重要です。

土台となる素肌がすべての基本になりますが、コスメが進化しているので理想の肌はいくらでもつくれます。手をかけても、厚く仕上がってはただの厚化粧。メイクがどれだけ自然になじんでいるのかが重要なのであって、テクニックが目立っては逆効果です。「メイクが上手ですね」といわれるのではなく、「肌がキレイですね」、「素敵な方ですね」という印象を残したいものですよね。

素肌以上の素肌美は、思っているよりも簡単につくれるのです。★1

具体的な方法はのちほど【実践編】で説明します。

尾花のこばなし

★1 美肌をさぐるコツ

肌がキレイな女性を見るとその理由をどうしても聞いちゃいます。聞くときは「キレイですね」ではなく、「肌がキレイですね。なにをされているんですか？」と質問するとたいてい教えてくれます。人から生きた情報をガンガン聞いていきましょう！

ポイント
2

説得力
人を惹きつけるまなざし

説得力のある顔になれたら、どんな仕事も怖いものなしですよね。説得力と目は切っても切れない関係です。

こう書くとアイメイクだけに気合いが入ってしまうかもしれませんが、目元と眉のメイクにかける比率は、アイメイク五：眉五、と同じぐらいにしてください。目元だけに重点をおかず、トータルのバランスを考えてメイクするようにしましょう。目元と眉がしっかりメイクできれば人を惹きつける印象的な目元になれるのです。

また、アイメイクと同じぐらい大事なのが眉のメイクです。太い眉と細い眉を比べると、どちらに説得力があるでしょうか。

パッと見てわかるように細い眉よりも太い眉のほうが、安定感があります。太い眉が意志の強さを感じるのはそのためです。説得力を強めたいなら、適度な太さの眉を描きましょう。説得力のある眉毛とは、ただ黒々した太い眉のことではありません。美しくトリミングし、洗練された、知的な印象がある眉です。

曲線の強い眉はフェミニンな印象になるので、意志の強さをアピールするなら、直線的な形にしましょう。また太さを出した分、髪の色と合わせて眉色を明るくするなど、微調整が必要です。

プレゼンや面接など、ここぞというときに目のフレームは縦ではなく、横を強調してみてください。

これはどういう意味かというと、マスカラでまつげを上下にぱっちりさせると縦のフレームが強くなります。つまり、目を大きく見せる効果があるのです。アイライナーで横のラインを強調すると、目元がキリッとした表情に引き締まります。目は上下左右、全方位を大きく見せると、アーモンドアイと呼ばれる理想的な目の形をつくることができます。

目が大きいだけでも、相手の印象に残ります。ビジネスで大事な場面を迎えたときは、ぜひ横のフレームを強調してください。背骨もシャキッと伸びて気合いが入るはずです。意志を語れる目元を演出しましょう！

ポイント
3

笑顔
好感度はチークで演出しよう

仕事をして「また会いたい」、「この人と仕事をしたい」と思われる人は、仕事ができる以前に笑顔で元気な人です。たかが笑顔、されど笑顔です。

私の美容ポリシーは「寝る」「笑う」「野菜を食べる」。なかでももっとも大切なのは「笑う」ことです。笑っていればふしぎと風邪も引かないし、★2 元気でいられます。好感度を上げるビジネスメイク、第三のポイントはその「笑顔」です。

ただ「あはは」と笑えばいいのではありませんし、チークを入れたはいいけれど、おてもやんみたいになってては自己ブランディングどころではありません。

尾花のこばなし

★2
美肌をさぐるコツ
この話をするといつも私が笑われるのですが、笑うことで細菌を殺す「ナチュラルキラー細胞」というのがあります。笑うと白血球の一種であるナチュラルキラー細胞の活動が活発化し、細菌やウィルスをやっつけたり、がん細胞を殺す働きを持っているそうです。科学的にも笑うことの良さが証明されています。

さりげなく親近感を演出するには、チークを正しい位置に入れること。それで表情はより引き立ちます。

チークを、無表情でつけるのではなく、入れる位置は正面から見て、笑ったときに盛り上がったところに。ニコっと笑った状態で口角を上げ、チークを入れると、その位置がよくわかり失敗しません。表情（筋肉）とチークの入れた位置が合っていないとおかしな顔になってしまうのです（泣）。ですから、チークを入れるときは必ずスマイルでやりましょう。

ただ「肌をきれいに整えました」というベースメイクの仕上がりではなく、顔色に美しい血色感が加わったら、それはパーフェクトなナチュラルメイクです。そこまでの演出ができて、はじめてそこに美の息吹が加わるのです。

なぜチークで好感度がアップするのか？　そう疑問に思われた方もいるかもしれません。

好感を感じさせるには生き生きとしたライブ感が必須。チークは表情を豊かに見せる最適のツールなのです。

血色のよさをアピールするだけで、青白い方でも健康的に見えます。入れる場所がわからない、という理由でチークを入れない方もいますが、効果は絶大です。正しい位置に、自分の肌色に合った正しい血色をプラスするだけで印象が変わるのです。

疲れた顔もチークでリカバリーできます。

疲れている人には仕事を任せにくいですし、一緒にいたいとは思えません。仕事をするなら元気な人としたいですよね。鏡を見て顔色が悪かったり、疲れた顔をしていると思ったらファンデーションを塗って隠すのではなく、チークをひとはけ。チークでエネルギーチャージができるほど、一気に健康的な表情になります。

次章の【理論編】の最後の項目で、自己ブランディング方法について説明します。本書の要点になる章です。いままで自己ブランディングについて考えたことのなかった方は、これを考えるきっかけにしてみてくださいね。

PART 1【理論編】

4

3ステップで考える セルフブランディング

どんな顔になりたいのか戦略を練る

着地点を決める

今日は大切なプレゼンの日、今日は新しいお客様と会う日……そういうときにあなたはメイクを変えていますか？

この章では「なりたい顔」の着地点を定め、自己ブランディングをする方法をご紹介します。

戦略的にメイクをしている端的な例は、銀座をはじめとする高級クラブで働くホステスさんです。最近は、ホステスさんの接客術やメール術の本も出版され、高度なプロのテクニックも注目されています。お客様がどういう女性像を求めているのか、彼女たちはヘア、メイク、ネイル、ファッション、立ち振る舞い、言葉使い、すべてを駆使して体現しています。ホステスさんは「お客様に気に入っていただく、またリピートしてもらう」という着地点を目指し、自分自身を完璧にブランディングしているのではないでしょうか。非常に学ぶべきところが多いと思います。

ノープランでメイクをするよりも、どうなりたいか戦略を立てるべきです。CASE3でご紹介したC子さんや、前々項の大手弁護士事務所を目指した女性の成功例のように、どんな職場でどんなメイクをするか考えることが大切です。

自己ブランディングに失敗している人は、なにがいけないのでしょうか？それは目標設定されていないことです。どこに向かって走っているのかわからないままでは、目的地には到着しません。どうなりたいのかゴールを決めましょう。

雑誌や書籍では「なりたい自分になる」方法が数多く紹介されています。理想の女優やモデルのキリヌキを見えるところに貼ったり、同じ化粧品を使ったり、メイク法をとり入れたり……。方法はいろいろありますが、私はビジネス用語でいう「メンター」をメイクでもとり入れてみてはどうかと思います。

メンターとは「助言者、師匠、教育者、後見人」という意味で、仕事やキャリアの〝お手本〟となる存在のことをいいます。まねしたいと思う仕事のやり方や進め方があるように、メイクをまねしたいなと思う人を見つけてみてください。

また、メンターを持つだけでは意味がありません。

まねしたいと思う人を見つけただけでは、自分の顔に反映できないからです。

しかし、尾花流ビジネスメイクでは、自己分析とメンターの因数分解をすることで、なりたい自分に近づいていきます。巻末に書きこめるワークページがありますので、自己ブランディングを考えるときに使ってみてください。

**3ステップで考える
セルフブランディング**

❶ 自己分析をする

↓

❷ 職場環境を考える

↓

❸ メンターを持つ。そして分析する

↓

実践（メイクをする）

〈3ステップで考えるセルフブランディング〉

1 自己分析をする

まず自分の長所短所を考えて、長所を生かすようなメイクを行いましょう。あらゆる角度から自分を見つめなおす。今の自分に足りないものはなんでしょうか？　長所から考えるのが苦手な方は、逆に短所を切り口にして「どこを変えたいか」という視点から考えてみてもいいでしょう。

2 職場環境を考える

メンターを決め、職場に合ったメイク法を検討しましょう。自分のメイクはいまいる職場に合っているのか？　どんな人と一緒に仕事をするのか？　自分の職場と取り引き先、まずはこの二つのことを考えましょう。

3　メンターを持つ。そして分析する

メンターが決まったらどこをいいと思っているのか、考えましょう。細かく見ていくと、どこをとり入れたいのかが見えてきます。いま勤めている業種のなかで、憧れている人がいたら参考にしてみるのもいいですね。もちろん同僚、上司でもかまいません。テレビドラマや映画に出てくるキャラクターでも楽しいかもしれません。

では、実際にどうやっていくのか例をご紹介します。

CASE [1]

「できる女」になりたいF子さん

F子さんは、映画やドラマでキャリアウーマンをよく演じる、ある女優さんにあこがれています。

ではその女優さんのどんなところをとり入れたいのか、好きだと思うところ、まねしたいところを書き出してみましょう。

【あこがれるところ】

・ロングヘアが素敵
・パンツスタイルが似合う
・意志の強そうなナチュラルな眉毛
・サバサバした感じ

F子さんを例に自己分析してみます。

まず自分の好きなところ・嫌いなところを書き出します。短所を書き出すことで、どうすれば好きな顔になるか、逆から考えることもできます。

またどうなりたいか、理想を書き出してみるのもいいでしょう。私はそうしています。

F子さんの場合

[自分の好きなところ]
- 肌が白い
- くっきり二重

[自分の嫌いなところ]
- エラのはった輪郭
- 眠そうな目が説得力に欠ける
- 自眉が細い

[どうなりたいか]
- 意志の強そうな目に
- 太って見られるのでシャープな印象に見せたい

では先ほど書き出した女優さんと比較してみてください。どこをとり入れたくて彼女にあこがれているのかが、見えてきます。

[自分の嫌いなところ]
・エラのはった輪郭
・眠そうな目が説得力に欠ける
・自眉が細い

[どうなりたいか]
・意思のある顔になりたい
・太って見られるのでシャープな印象に見せたい

[あこがれる女優さん]
・ロングヘアが素敵
・パンツスタイルが似合う
・意思の強そうな眉毛
・サバサバした感じ

その女優さんはサラサラとしたロングヘアがトレードマークですが、F子さんの場合はヘアスタイルをまねするよりも、意志の強さを感じさせる眉毛をとり入れたいことがわかりました。

もしF子さんが優柔不断な性格で、女優さんのサバサバしたキャラクターにあこがれているなら、急に性格を変えることはできません。分析してみると、実は単純に女優さんの顔が好きなだけということがわかるかもしれませんが、それなら彼女らしいメイクをまねしてみればいいでしょう。分析して、整理することでなにをしたいかが明確になります。

まずは、実践してみてください。そして自分も満足し、まわりの評価もよいのであれば、それを続けてみてください。もし、やってみてこれは違うな、と思ったら、「はい、次！」とほかの方向を探せばいいのです。

このようにまずは、メンターのどこをとり入れたいのかを、因数分解をしてみると、それまでぼんやりとしていたイメージがはっきりしてきます。

まねしたい要素をとり入れることで、少しずつ「なりたい自分」に近づきます。この作業を返すことで、センスが磨かれていきます。★3

尾花のこばなし

★3 **進んで失敗しよう**

よかれと思っていたメイクが、結果的におもしろい顔になっていたこともあります。でも勉強と同じように、失敗しないと正解はわかりません。無責任ないい方に聞こえるかもしれませんが人生は長いですから、間違っている半年や一年があってもいいじゃないですか。失敗してきた人の方がスキルは上がります。いままでの経験から断言できますが、メイクとおしゃれは、間違った期間がないと絶対にうまくならないのです。だから失敗を恐れず、チャレンジしてください！

CASE［2］

外国人にあこがれる尾花ケイコさん（笑）

あこがれている人はいるけれど、一人じゃないし、気分で変わる……そんな方もいらっしゃるでしょう。私も気分屋なのでよくわかります（笑）。ちょっと恥ずかしいですが、私がいつもやっている考え方もご紹介します。

私は気になったファッションやメイクをスクラップしています。※4

いいなと思ったら、その人をまず分析して「この人のなにをとり入れたいんだ？」と考えます。

たとえば、私は以前、ＵＳ版ＥＬＬＥのエディターのケイト・ランフィアという女性が好きでした。彼女はモードの先端！　というような洗練された女性で、雑誌のおしゃれスナップの常連です。スリムな体型で、ヘアスタイルは白に近いプラチナブロンド。右側を思い切り刈り上げたアシンメトリーな髪型です。集めたキリヌキを見返すと彼女だらけになっていました（笑）。

※4
尾花のスクラップ
私のスクラップ集は写真だけでなく、言葉もあります。気に入った言葉や文章を集めて、そこからメイクのイメージをふくらませることもあります。

［ケイト］

・金髪、アシンメトリーな
ヘアスタイル
・細身
・シャープな骨格
・モノトーンの
ファッション

［尾花］

・黒髪
・体型は普通
・丸顔

取り入れ方

・髪の色はそのままで
ヘアスタイルをまねる
・シャープに見える
メイク
・モノトーンの
ファッションにする

気になった服や小物のキリヌキを集めて並べてみるのもオススメです。自分では気づかなかった色に興味を持っていることがわかったり、新たな発見につながります。

「この人は細くて、お肉も全然ないからシャープさが際立つ。アシンメトリーな髪型も細身だからカッコいい」

とわかります。

それに対して自分はどうか。

丸い輪郭の私がそのまままねてもうまくいきません。だけど気分はそういう、ちょっとエッジを利かせたいなと思っています。日本人の私がプラチナブロンドにするのは難しく（美容師時代に経験ずみです……（笑））、アシンメトリーなショートカットだけをとり入れてみました。

シャープさを出すためにはどうするか。メイクのほかに大きな要素になるのはファッションと髪型です。肌と同様、服やヘアスタイルはパッと見たときの印象に占める割合が多いので、ちょっと変えるだけで印象が大きく変わります。

私の場合、なりたい目標が見つかったら美容師さんに相談します。[★4] そのまま

尾花のこばなし

★4 イメージを共有すること

昔は美容院によくキリヌキを持っていったものです。今なら携帯の写メでしょうか。キリヌキを見ればその人が何を気に入っているのかわかります。「このパーツが好きなんです」と伝え、イメージを共有することが大事。美容師さんによっては「そんなの似合いませんよ」と言うかもしれませんが、お客様が取り入れたいエッセンスを形にしていくのが美容師さんの仕事です。

「これにしてください」というわけにはいきませんので、たとえば「輪郭は違うけれど、えりあしの感じが好きなんです。私に似合わせるにはどうしたらい？」と好きな要素を具体的に伝え相談します。お任せではなく、なりたい部分をとり入れて、美容師さんとブランディングしていく共同作業がおもしろいのです。

ケイトはモノトーンの着こなしが得意なので、それはすぐにまねができます。メイクはファッションと合っていないといただけませんし、服との掛け合わせだと思います。うっすらとでも誰か憧れの人を意識しつつ、それを自分にどう落とし込んでくるか考えて、メイクと着る服をリンクさせていくのです。

まな板の鯉《こい》になってみる

自己分析をするといっても、自分自身を客観的に見るのはなかなか難しいことです。

そんなとき、私は人からの意見を聞くようにしています。自分の外見のことを人に聞いたり評価してもらうのは、仕事とはまったく別次元のこと（私の場合はリンクしていますが）。自分の容姿について人から意見されるのはすごく怖いことですよね。

けれども、三十歳前後であれば、ある程度のことは受け入れられる土台ができているのではないでしょうか。人の目を過剰に意識する思春期も通りすぎて、容姿に対するフィードバックを聞く耳ができてくるころだと思うのです。

そこで私がオススメしているのは、一度すべてを他人に委ねることです。結果がいいか悪いかは別として、第三者のフィルターを通し自分を客観視する訓練になります。つまり、「まな板の鯉」になる体験をしてみるのです。

ちょっと残酷かもしれませんが、シビアな意見を聞けるチャンスです。企業にとってクレームが最大の宝といわれるように、あなたの欠点をズバリ指摘できるような友達や美容部員[※5]さんを大事にしてみましょう。[※6]思わぬアドバイスを

※5 美容部員さん
デパートの化粧品売場にいるビューティーアドバイザー（Beauty Adviser）のこと。頭文字をとってBAと省略されることもある。

※6
やみくもに従うのではなく、自分がいいと認めるセンスの持ち主であることが大事。

もらえるかもしれません。

痛い思いをしても正しい方向に進めるなら、その痛みにも価値があります。否定的なことをいわれたとしても「そういう考えや意見もあるのか」と客観的に受けとめればいいのです。まずは人がどうあなたを見ているのか聞いてみましょう。

メイクではありませんが、田中宥久子さん[※7]が考案した造顔マッサージを店頭で体験できると聞き、私もすぐに予約をしました。本やＤＶＤもありますが、やはり体感に勝るものなしです。力加減は受けてみないとわかりません。スタッフの方にマッサージをしていただくと、思った以上に強く圧をかけていることや、自分の顔がこっていること、ストレスがたまっていたことがわかり、いい経験になりました。

「まな板の鯉体験」は、自分の変化や新鮮味が味わえるので非常に有効です。

※7 田中宥久子《ゆくこ》さん
ヘアメイクアップアーティスト。顔の筋肉をマッサージすることで皮膚のたるみを引き締め「十年前の顔」になることができるという造顔マッサージを考案。独自の美容メソッドを発表し話題に。著書に『田中宥久子の造顔マッサージ マッサージDVD付きBOOK　―10年前の顔になる―』（講談社）など多数。

自分でやろうとするとどんなに手順を変えようが、それは自己完結してしまうものですが、普段は選ばない色や、プロのテクニックを体感するだけでも、眠っていた感覚が呼び起こされるはずです。前ページのマッサージのように体験してわかることもあります。

最初にプロの技術を受け、先行投資をしておく。そして、人に委ねたあとは、賢く自分でとり入れます。時間もお金もそんなにかけられないものですし、がんばりすぎず自分に必要なものを取り入れることが大切です。

他人にメイクしてもらうと自分がわかる

勇気を出してデパートのコスメカウンターに行ってみるのもオススメです。伊勢丹や西武など一部の百貨店では店内にあるすべてのコスメブランドを把握している美の案内人ともいうべきコンシェルジュ[※8]がいます。カウンセリングをもとにどのブランドがいいのか、無料でアドバイスをしてくれます。

※8 コンシェルジュ
伊勢丹 ボーテ・コンシェルジュ
ブランドの枠を超えてお客様に合ったスキンケア・ベースメイクを無料で紹介してくれるコスメカウンター。肌タイプや生活スタイル、手持ちの化粧品などを聞き、コスメの使い方を教えてくれる。伊勢丹新宿店、立川店、浦和店で行っている。

デパートのコスメフロアの雰囲気に圧倒される方もいらっしゃるかもしれませんが、ぜひ足を運んでみてください。どのブランドが合うかわからない、メイクをしてもらうのが恥ずかしい、たくさん買わされるのではないか……と不安に思うこともあるでしょう。

けれども、メイク初心者でもコスメカウンターで「似合うメイクがわからないので」と伝えればフルメイクしてくれます。ファンデーションは日中につけてから夜までどのぐらい保つのか、肌との相性を見きわめてから購入すべきなので、最初からその旨を伝えれば大丈夫。押しの強い美容部員さんには、「似合っているかわからないので、友達に見てもらってから決めたい」とか「肌に合っているか様子をみたいのでまた来ます」といってみてはどうでしょう。

また、漠然と相談するのではなく、なりたい肌質のイメージなど着地点を美容部員さんにきっちり伝えることも大事。イメージを共有できれば的確なアドバイスがもらえますよ。

西武池袋本店　イケセイキレイ　ステーション

ブランドに属さない専任のビューティアドバイザーが無料で肌解析をしてくれる。新商品や売れすじ商品の紹介、コスメショッピングサイト「イケセイキレイ」で購入したコスメの受け渡しサービスがある。要予約。
http://netorder.sogo-seibu.co.jp/ikeseikireistation/

ブランディングは思っているよりも簡単

もしかしたら「ブランディング」という言葉は、難しいことのように聞こえるかもしれません。ですが、自分を一度見直し、ブランディングしてみるとさまざまな枝葉が出てきておもしろいですよ。

具体的な女性像を自分に落とし込んだときに、一般的に広まっている共通認識を利用して、「素敵だな」と思ったエッセンスをとり入れる。それを積み重ねていけば思っているよりも簡単に「なりたい自分」になれます。

もともと派手なパーツを持つ人はたすメイクより、引くメイクをマスターしたり、自信がなさそうな顔なら意志を感じる眉を描き足すだけでグンと表情がちがってみえます。まずは、一カ所だけでも変えてみることからはじめてみましょう。

ただ、ノーメイク派だった女性が、ブランディングをしてある日突然フルメイクで出社すればだれでも驚くでしょう。まわりも突然のことでなんとコメントしていいかわからず、結果的にノーリアクションになるケースもあります。これはとても残念……。

ですから、たとえば時間がある日は、アイメイクだけちょっとがんばってみようかな、ぐらいの感覚でいいのです。やってみて反応がなければ「メイクを変えてみたんだけど、どうかな?」と自分から意見を聞いてみてください。いい変化にはいいフィードバックがあります。そのいいフィードバックを積み重ねて、貯金する行為が「自信」につながります。

たとえばファンデーションを替えてみた、パール入りの下地を使ってみた。すると肌がいつもよりキレイに見える。そんな変化が「なりたい自分」を形成するのです。

自己ブランディングとは、昨日よりちょっと素敵な自分になれた、という小さな気持ちに気づくことからはじまります。急にメイクを変える必要はありません。少しずつとり入れていけば大丈夫です。

では【実践編】でビジネスメイクをはじめましょう！

PART 2

【実践編】

1

メイク環境を整える

レッスン
1
部屋の光量に気をつける

メイクをするなら必ず自然光で

あなたは部屋のどこでメイクをしていますか？

メイクをする前に、気をつけたいのが部屋の光の量です。蛍光灯しかついていない洗面台や部屋の隅でメイクをしていると、それが厚化粧の原因になっている可能性があります。

蛍光灯の下でメイクをして通勤途中、電車の窓ガラスに写った自分の顔を見てギョッとしたことはありませんか？　自然光はファンデーションの塗り過ぎや色ムラの様子までありありと見せてくれます。メイクをするときは必ず自然の光が入る明るい場所で行ってください。もし難しい場合は、とにかく明るい

ところで仕上がりをチェックすることをお忘れなく。

仕事で撮影スタジオのメイクルームに入ったときに、明るいか、明るくないかで仕上がりに差がでるほど光量は重要です。

特に、雑誌撮影の場合は、実寸以上に目もとがクローズアップされることもありますので、〇.一ミリはみ出したアイラインも見逃してはならないのです（と自分で決めています）が、それには当然明るくて、いろいろなことが見える光量が必要です。

このため、スタジオに入ったときには、メイクルームの環境をチェックし、光の量を整えることからはじまります。


毎日自分の顔を見ているのに、「顔色のいい悪いがわからない」、という人も多いのですが、朝日にさらせばわかります。自然光を利用することによって、眉毛のムダ毛を抜くときも、蛍光灯の下では見えない毛までしっかり見ることができます。このため、私は自分でメイクするときは、窓際にメイク道具を持っていきます。そうすることで厚塗りが防げるのです。

曇りの日でも、部屋のなかで一番明るいところでメイクしてください。

また蛍光灯と違って温かみのある白熱灯は、色が黄みよりになってしまいます。本来の色がわかりにくくなるので、白熱灯による照明はメイクをする環境としては向いていません。

正面だけでなく、横顔もチェックする

普通、自分の顔は正面からしか見ませんよね。

でも、人からは正面より横顔を見られている時間のほうが意外と長いのです。

合わせ鏡でないと見ることができない真横の顔や、下から見たときの顔など、自分でチェックしたことはありますか？　本当にちょっとしたことですが、鏡が斜めになっただけでも、見えてくる世界が変わってきます。

合わせ鏡や、下からの鏡をのぞいて、いろいろな角度から自分の顔を見てみてください。

真横から見た顔

・チークが頬骨に沿っているか。
・ファンデーションの色が合っているか。
・まつげの上がり具合。

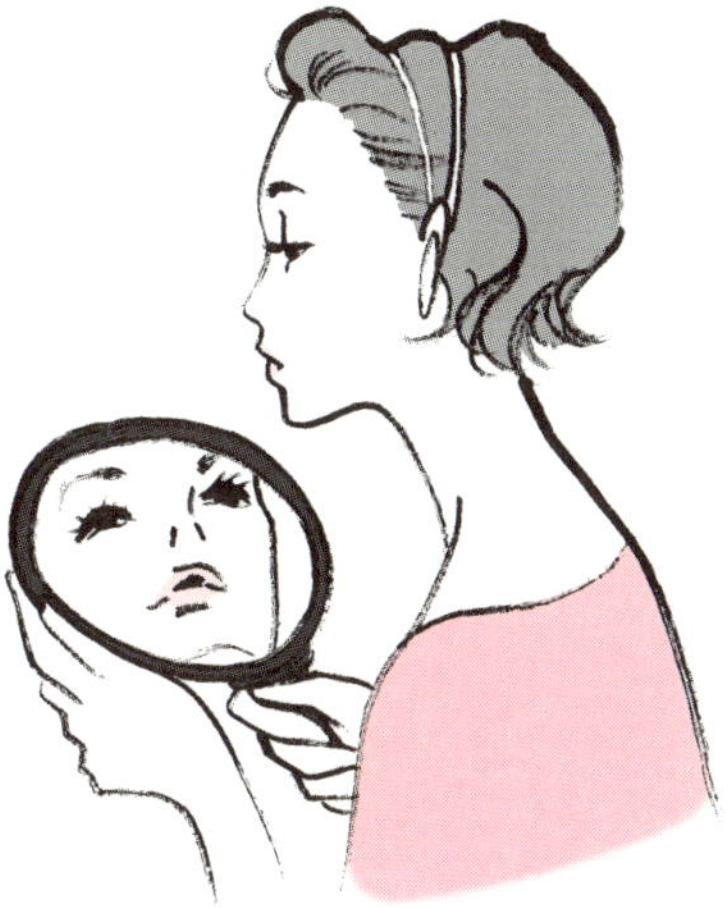

下から見た顔

・眉頭が鼻すじに沿ったラインからスタートしているか。
・まつげとまつげの間が埋まっているか。

姿勢

メイクがうまくできない原因は、姿勢にもあります。

不安定な場所でメイクをしていませんか？　アイラインを引くときは、支点であるひじがドレッサーか机に固定できるような安定した場所で行ってください（電車のなかなどはもってのほかです！）。

またコンパクトなど小さい鏡でメイクをすると、全体のバランスが把握できず、手もとだけでメイクをするのでバランスがおかしくなる危険があります。

できれば大きな鏡を用意し、鏡の角度は四十五度にセット。基本姿勢は鏡を下に置き上からのぞきこむように。ビューラーでまつげをカールさせるときや、マスカラを塗るときには、おおまかな目安として四十五度にすると下からしっかり上げたり塗ることができます。初心者でも簡単にアイラインを引くコツは、あいた手でまぶたを軽く引き上げ、目のキワを出して描くことです。

45°C

レッスン
2

基本ツールをそろえる

美しい肌は清潔なスポンジから生まれる

大きなブラシで細かいところをメイクしようとすると、余計なところに粉がついてしまったり不効率です。簡単に仕上がりをよくするために、まずはツールの見直しをしましょう。

では実際にメイクをする際に必要なツールをご紹介しましょう。※9 それぞれのツールには役割があり、適材適所でものを使えば簡単で美しい仕上がりになります。いくつもそろえて面倒と思うかもしれませんが、ツールを分けて使うほうが断然楽です！

※9 必要なメイクツール

スポンジ
・大判スポンジ1個（肉厚なもの）
・小さめスポンジ1個

アイシャドウブラシ
・中サイズ1本
・小サイズ1本

チップ
・太いもの1本
・細いもの1本

チークブラシ
・1本

アイブロウブラシ
・1本

その他
毛抜き
眉毛ハサミ
綿棒
ビューラー

〈スポンジ〉

メイクプロセスによって、スポンジも大きいもの、小さいもの、薄いもの、厚いもの……とチョイスも変わってきます。広い面には大きなスポンジでポンポンと塗れば小さいものより断然早くすみます。一つひとつの作業工程を見直せば、時間が有効に使えるのです。

したがってスポンジはファンデーションの付属品として付いているもののほかに、もう一つ、大判のものを用意しておくと便利です。これはリキッドファンデーションを指で伸ばしたあとの色ムラや指の跡を簡単に整えるためのものです。また目の下の涙袋やキワなど細かいところには、大判スポンジをギュッと折って先を細くして使うと、小まわりが利きます。最近では使い捨てでコスパも質もよいスポンジがたくさんあるのでおすすめです。一日中持ち歩くことができるので朝のメイク時に使って、メイク直しの時にも使えます。

〈ブラシ〉

ブラシを買うときは、値段ではなく「肌当たり」で選ぶこと。

もちろん熊野筆[※10]など天然の毛で、厳選された一本もすばらしいものです。ですがいまはナイロンでもかなり質がよくなり、肌当たりのいいブラシが増えました。三千円ぐらいと手の出しやすい価格のブラシもありますし、ナイロンだから駄目ということはありません。

気になるブラシがあったら、とにかく肌に当ててみてください。

肌当たりがいいものは、粉含みもいいものが多いのです。肌に当てて気持ちのいいものは絶対的にいいブラシです。当てて痛いブラシはそれだけでストレスを感じますし、そんなものは使いたくないですよね。長年ヘアメイクをやっていて「ブラシは値段じゃない」と自信を持っていえます。

チークのコンパクトのなかには、出先で直すための簡易版ブラシが入ってい

※10 熊野筆
江戸時代から続く、筆の産地・広島県安芸郡熊野町でつくられている筆。日本の筆の約八十%は熊野町で生産されている。穂首は、ヤギ、ウマ、シカ、タヌキ、イタチなどの毛を材料とする。一九七五年に伝統的工芸品の指定を受け、高価なメイクブラシも多数ある。

ます。大昔は「簡易版は毛がパサパサしてあまりよくない。ちゃんとしたブラシを一個持っておいたほうがいい」といわれていましたが、さんざん簡易版ブラシの悪口がいわれたため（笑）、メーカーも品質改善を行い、最近は品質が向上しました。今はダメなものを探すほうが難しいくらいよいものばかりです。

レッスン

3

道具をメンテナンスする

「使い捨て」で効率化をはかる

ファンデーションのスポンジ、パフやチークブラシをどれぐらいの頻度で洗っていますか？　メイクがうまくできない人のなかには道具の手入れをまったくやっていないがために本来の色が出なかったり、肌なじみが悪くなっている場合があります。

あくまでも目安ですが、一ケ月間、一度も洗っていないパフを使っていた！　なんてことのないように。化粧をするたびに肌に触れるものですから、雑菌やばい菌も繁殖します。スポンジ、パフは付属のものだけでなく、予備を多めに購入して、ファンデーションがついてない面をすべて使ってしまったら、とり替えるようにしましょう。
キレイな肌でいたいなら、一度ファンデーションがついたスポンジは使うべからず。
スポンジを洗う時間がない人には、使い捨てスポンジをオススメします。ドラッグストアやバラエティショップで一袋に大量に入っているものでかまいません。忙しいビジネスウーマンには洗う手間より、使い捨てスポンジを月五百円で買った方が便利で効率的かもしれません。

〈アイテム別のお手入れ周期〉

スポンジ……使った面が汚れたら使わないように。裏表で二日使ったなら、二日に一回洗うこと。時間がなければ、多めにスポンジを買っておきましょう。汚れたスポンジは専用のクリーナーや石けんで洗って乾かしておきましょう。

ブラシ……三ケ月に一回。ブラシは毎日洗うと筆のコシがなくなってしまうので、使ったときにティッシュでそのつど拭きとってください。三ケ月たつと、自分の皮脂やファンデーションの油分などどうしてもとれない汚れが出てきますので、ブラシクリーナーを使いましょう。天然毛のブラシに関しては、専用のブラシクリーナーがあるのでそちらを使ってください。どんなにズボラな人でも衛生面を考えて、半年に一回は洗うようにしてください。

チップ……一～二週間に一回。同じ色のアイシャドウを使っても一ケ月もたつと皮脂がついてチップのスポンジ面がカピッと硬くなります。そうすると、本来の色づきや、発色から遠ざかります。中性洗剤を薄めてスポンジ面を洗ってください。

ビューラー……ちょっとでもゴムが切れたら、すぐに換えてください。ビューラーのゴムに弾力があって、切れ目が深く入ってないうちはまだ大丈夫です

が、切れ目が入ったら、ゴムが劣化した証拠なのですぐに換えること。また
ビューラーを使うごとに、ついたファンデーションやアイライナーをティッシュで拭いてください。

次ページに、各メイクツールのお手入れについて書き出してみました。

［毎日のお手入れ］

使ったチップやブラシの汚れを拭きとる

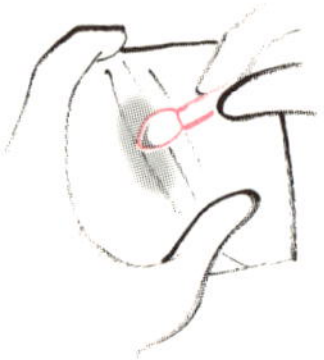

ティッシュを半分に折って置き、指で左右に張って表面に凹凸をつくります。その上にチップやブラシの面が当たるように置き、色がつかなくなるまで繰り返します。

［こまめなお手入れ］

チップとスポンジを中性洗剤で洗う

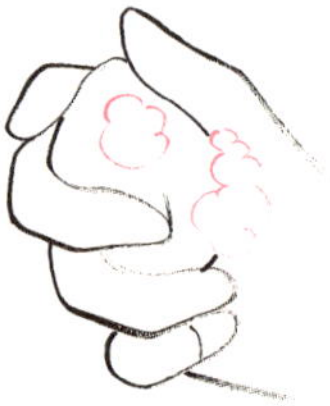

チップはだいたい週一回、スポンジは両面を使ったら洗いましょう。ぬるま湯で濡らし、中性のハンドソープや専用クリーナーをつけて、チップは指の腹で押すように。スポンジはギュッと握るように洗います。表面がキレイになるまですすぎ、水分をとってから陰干しします。

［三ヶ月に一回のお手入れ］

ブラシを専用クリーナーで洗う

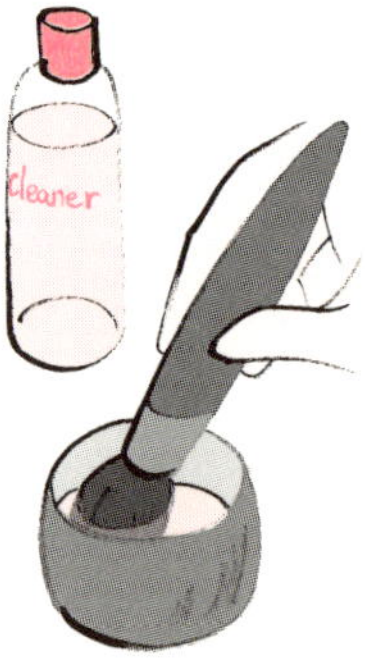

天然毛のブラシは傷みやすいので三ヶ月に一回洗えばOK。水ではなく専用のクリーナー液を使いましょう。カップに専用のクリーナー液を適量とり、ブラシを浸しながら振り洗います。汚れたクリーナー液の底にパウダーがたまりはじめたら、ティッシュにブラシをのせて包み、ブラシの形を整えながらクリーナー液を拭きとります。乾いたタオルの上など清潔な場所に寝かせて置き、そのまま乾かします。

PART 2【実践編】

2

出勤前の時短メイクパーフェクトガイド

ルール
1
時短メイクはスケジューリングから

まず服を決めてからメイクをする

あなたはメイクをしてから服を選んでいますか？

一分でも早く出社したいなら、前の晩に服を選んでからメイクをする習慣をつけましょう。好感度の高い女性は、服、メイク、小物がトータルでコーディネートできています。私たちプロのヘアメイクの仕事も、メイクをはじめる前には必ず先に衣装を決めます。服が決まってはじめてどんなメイクにするのか、イメージが決まるからです。

私は翌日になにを着るか決めてから寝るようにしています。起きたらその服

朝のスケジューリング

7:00
起床
洗顔&スキンケア

7:30
朝食

7:40
着替え

7:45
メイク
ヘア

8:00
出発

に合わせてメイクをすればいいだけ。朝から服のコーディネートに悩まなくてすみますし、服を決める時間が短縮されます。

メイクは洋服ありき（新色リップに合わせてつけたいコスメを優先することも時にはありますが）で顔が決まるので、トータルのバランスを見据えてメイクをする必要があります。

たまに街でメイクと服がちぐはぐな女性を見かけます。服はカジュアルなのになぜかバッチリメイクだったり、バリバリ仕事ができそうなスーツ姿なのにスッピン……。先に洋服が決まっていれば、そういった不一致も防げます。

化粧くずれを防ぐ方法

朝はバッチリ決まっていたメイクも、午後からはくずれはじめ、夕方には目もとがヨレヨレ……なんて経験ありませんか？　メイク保ちをよくするコツは、朝のベースづくりにあります。

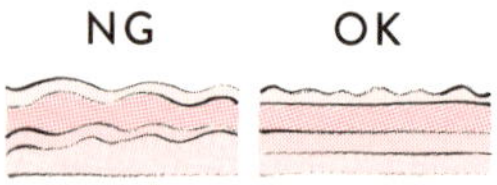

※11 潤い層
右が時間をおいて潤い層がしっかりできたもの。左が時間をおかずにスキンケアを重ねた層。

それはスキンケアの美容成分をしっかり入れ込む時間をとること。顔を洗って、化粧水、美容液、クリームを塗って肌を潤し、肌の表面にフタをします。美容成分が肌に浸透する時間を五分以上とってください。スキンケアをしてからすぐにベースメイクをすることが化粧くずれの原因にもなります。

メイクくずれの激しい人のプロセスを見ていると、スキンケアを行ってすぐにファンデーションを塗っています。そうすると、当然化粧の保ちが悪くなり、顔の表面にまだ不安定ななみなみとした状態のスキンケアの潤い層が漂っています。[※11] その状態で、ファンデーションを上から重ねると、自分の皮脂が上がってきたときに、よりいっそう大きくヨレてしまうのです。

一度スキンケア成分がしっかり浸透すると、いわゆるナチュラル・モイスチャー・ファクター[※12]という膜ができます。人間の肌は二時間そのまま放っておけば、自分の脂が自然とでてきます。それが肌を守る膜になるのですが、洗い

※12 NMF（ナチュラル・モイスチャー・ファクター）
人間自身がもともと持っている皮膚の保湿成分で、自然（天然）保湿因子のこと。角質層、角質細胞のなかにあり、水を吸収し、保持する物質の意味。主な成分は、アミノ酸類、乳酸、尿素、クエン酸塩など。いずれも水分をかかえこむ力がある。このためNMFは角質層の水分を保持する働きを持ち、肌をみずみずしく保つという重要な役割を果たしている。このNMFがあるため、角質層は外部の水分を吸収し、貯えられる。

たての顔にはそれがありません。スキンケアによって、人工的に皮脂膜をつくるわけです。

さらにスキンケアアイテムも進化していて、自分に必要な潤いを補える美容液や、化粧水、乳液など多くの商品が出てきました。肌の表面だけではなく、しっかりと奥に入る優秀なものも増えました。下地を肌に塗るときは、表面に余分な油分や、水分がないフラットな状態に整えるためにも時間をおいてください。

また、普段からマッサージをスキンケアのときの習慣としてとり入れてください。特に冬は血行が悪くなり、クマも出やすいもの。冬のスキンケアアイテムをより保湿重視に替えるなど対策をたてましょう。

美容液・乳液が浸み込む時間は一分三十秒～二分弱。肌に浸透が早いものであれば一分。毎日のことなので、朝晩の習慣にしてしまえば一石二鳥です。決して特別なことではありません。

乳液マッサージ

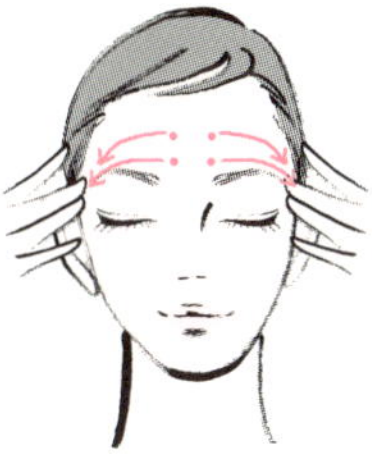

❶マッサージは額から

乳液をたっぷり顔全体にのばし、中指と薬指の二本を使って、額の中央からこめかみへと滑らせる。こめかみ部分は中指で強めに押してツボを刺激するように。

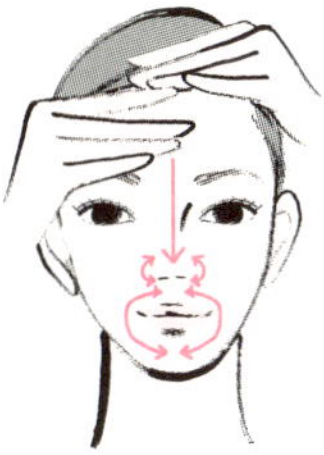

❷次は鼻すじへ

❶と同じ二本の指を使い、指の腹と全体で手を交互に動かしつつ、鼻すじへ。口まわりは歯ぐきを刺激しましょう。口もとのたるみが解消されます。

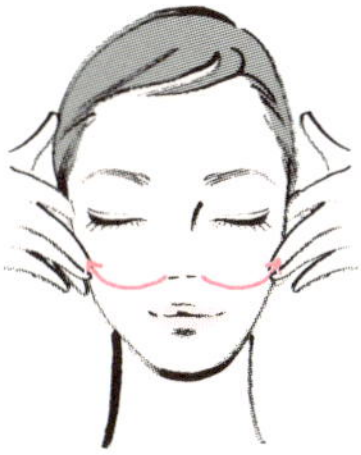

❸頬骨の下はやや強めに

頬骨の下は疲れのたまりやすいところ。中指、薬指の二本で、小鼻の脇から頬骨の下に沿うようにしてこめかみへと上に滑らせましょう。

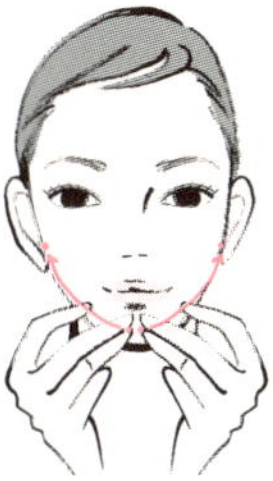

❹仕上げに輪郭をアップ

あご先からフェイスラインを通り、耳の下まで引き上げます。最後に、耳のつけ根あたりにあるリンパ節に老廃物を鎖骨まで流し切ります。

乳液はたっぷりと。摩擦があるとかえって肌を傷めます。目安は五百円玉大。マッサージをする際は普段より多めに。

夏なら開いた毛穴を収れん作用のある化粧水で引き締めたり、肌のほてりをとるためクールダウンの時間が必要です。季節の変化やそのときの肌の悩みに合わせて、臨機応変に対応していきましょう。

また、ファンデーション（リキッド、パウダリーどちらも）ですが、春夏と秋冬で違うものを各社発売するのは、季節ごとに肌状態を考えているからです。秋冬はどのメーカーも潤いを重視しますし、春夏はラスティング※13効果など、いかにくずれないかということを研究しているので、その効果はまったく違います。できれば季節に合ったものを使ったり、体調に合わせてメイク前のベースを整えましょう。

※13 ラスティング効果
長く続く効果のこと。

十分でできる「時短メイク」

メイクをショートカットする「時短メイク」のポイントは、どこを要らないと判断するかが大事です。通勤途中にだれかに会っても平気なレベルにすること。十分間で一通りの工程を行うので、自分が気になるところに重点を置きましょう。あなたが一番ケアしたいのはどこでしょうか？

たとえば肌の調子がよければ補正に時間もかからないので、サッとファンデーションを塗ればＯＫ。

肌トラブルが多い場合は、アイメイクを省いても、シートパックを使うなど、土台をしっかり整えること。

血色が悪いときは頬にチークを塗るだけで健康的で明るい印象になります。眉がまばらな状態になっていたら、描いていないと人相が違って見えることもあるので、これは省けません。

〈重要度が高い部分と時間配分〉

①ファンデーション（五分）
②マスカラ（二分）
③眉（三分）

急いでいるときは口もとは会社に着いてから。通勤途中にリップクリームを塗って下準備をしておきます。打ち合わせや商談の直前に口紅やグロスを塗ればいいでしょう。

アイメイクをしている時間がなければ、とりあえずマスカラだけ。マスカラは根もとから上に上げるように塗れば、アイラインのような効果も出ます。

寝坊した朝は、必要最低限のメイクをして残りは会社に持ち越す、という割り切ったスタンスも必要です。

家ですること、会社ですること

化粧下地などベースものを持参すると、ポーチが重くなるので、ベースは自宅で仕上げましょう。

しかし夏は会社に着くまでに汗をかいてしまい、せっかくつくった顔のベースが崩れることが多いでしょう。朝の十分がむだになってしまわないように、その場合は、日焼け止め兼下地を塗ったうえに、フェイスパウダーを塗って、まずは出勤してください。

会社に着いてから汗や皮脂を拭き、必要なところにパウダリーファンデーションを重ねます。このとき、ミスト化粧水などで肌を潤わせてから、パウダリーファンデーションを重ねるといいですよ。

アフター・ファイブに特別なことがある日は、いつものメイクに出かける直前にアイラインを引いたり、ホットビューラーでまつげを上げ直すと、夜でもパッチリした目もとになります。詳しくは一二九ページのシーン別メイク直しを参照してください。

ポーチには厳選されたアイテムを

携帯するポーチには自分が常に気にしているパーツのケアができる道具だけを入れてください。

私の場合、重要視しているのは眉と目もとなので、マスカラやアイライナー、アイブロウペンシル、綿棒など必然的に〝棒もの〟を多く入れています。顔色はいいので、チークはあまり携帯しません。

本気のメイク直しをするなら、コスメの試供品や旅行用の小型ミニボトルに化粧水や乳液を入れておくと便利です。その際、コットンがあると手早くメイク直しができます。

フルセットを持つのは重いので、ポーチは使うものだけを厳選し、スリム化を心がけましょう。

ルール
2

メイク手順をおさらいしよう

一般の方のメイク手順を見ていて、驚かされることがあります。それはスキンケアが終わったあとに、間をあけずすぐにファンデーションを塗ってしまうこと。

ファンデーションの保ちをよくしたり、ヨレを防ぐには化粧下地が欠かせません。「化粧くずれを防ぐ方法」でもお伝えした通り、スキンケア成分の浸透を待ったり、肌の体力を強化させることが大事なのです。

調子がよければファンデーションの量も少なくでき、素肌以上の素肌美がつくれるのです。メイク下地を使えば簡単に「なりたい肌」がつくれます。

この章ではメイクの手順を確認しましょう。

スキンケアの手順

❶ スキンケア（化粧水、乳液など）

↓

❷ ファンデーション

↓ ↓

リキッド | ❸ コンシーラー

↓ ↓

❸ コンシーラー（ルースパウダー） | パウダリー

↓ ↓

❹ チーク

↓

なりたい肌

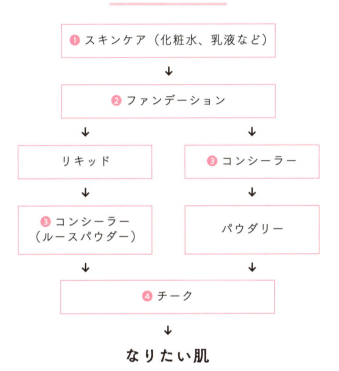

❶ 下地

まずは自分の肌状態に合わせて、キャンバスとなる自分の肌を見きわめましょう。それこそが下地の最大の目的です。肌状態がよければ最低限のケアを、悪ければ補正下地を使ってください。

下地を塗ることで、肌のくすみを払えます。肌が明るく整うのでファンデーションの使用量も減り、薄づきに仕上げることができます。

また、乾燥や紫外線など外部の刺激から肌を守る働きもあります。この下地が大きなレバレッジポイントになります。

また下地で肌が整えば、ファンデーション選びがグンと楽になります。コラムの一覧表※14を参考に、なりたい肌を目指しましょう。

※14 なりたい肌をつくる目的別の下地

●色ムラ
赤みを消す↓グリーン、イエロー系のコントロールカラー

●クマ、くすみ
血色をプラス↓オレンジ、ピンク系のコントロールカラー

●透明感と潤いのあるツヤを出したい
モッチリ感↓保湿効果の高いベース

下地の塗り方

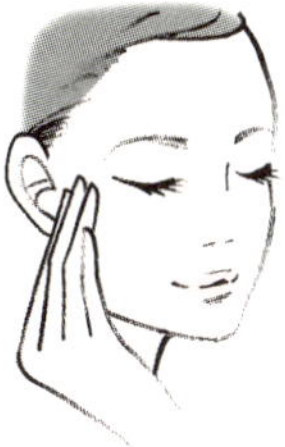

❶下地をのばす

手のひらに下地を出し、中指と薬指で頬にのせる分をとります。頬の丸みに沿うようにのばし、中指に下地を足して反対側も同様に。残った少量で中央から顔の生えぎわにむけてのばし、目もと、口もとなど細かい部分も同様に。

❷なじんだかどうかチェック

顔全体になじませたら、ムラがないか鏡で確かめましょう。ムラがある場合はスポンジでなじませます。手の甲を頬の広い部分に当て、しっとりしていればOK。潤い感がたりない場合は下地を少量重ねて。

補正の塗り方

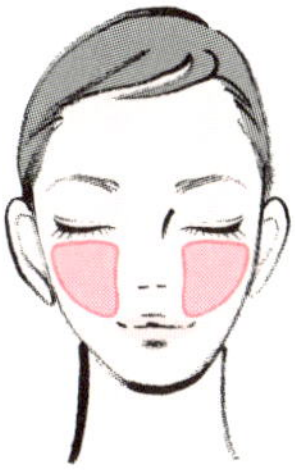

❶くすみの気になる部分に置く

補正下地を適量手のひらに出します。中指にとり、目尻と小鼻のわきを結ぶラインの内側、上まぶた、額の中央、あごなど、くすみの気になる顔の中心部分に置きましょう。

❷スポンジで密着させる

指でのばしたあと、リキッドファンデーション用のスポンジで押さえると、肌に薄くフィットします。補正下地をのせた部分をパッティングするように。塗っていないところとの境目もなじませましょう。

❷ファンデーション

よく「リキッドとパウダリー、どちらがいいですか？」と質問されますが、品質が向上しているので、いまはどちらも大差ありません。もはや形状だけでは仕上がりを判断するのは非常に困難です。私は「使い勝手のいいものや、好きなほうをお使いください」、と答えています。ですが、なによりも大切なのは自分の理想の肌がつくれるものを選ぶことです。試すときは手の甲でなく、必ず顔にメイクしてもらってください。自分の肌との相性もあるので、時間が経ってからのくずれ具合なども、ぜひチェックを。

もっとも大事なことは「どんな肌になりたいのか」という着地点です。それをわかったうえでファンデーションを選びましょう。※15

リキッドファンデーションは液状なので、塗れば簡単に透明感のあるみずみ

※15 ファンデーション選びのポイント

	長所	短所
リキッド	失敗が少なく、簡単。ツヤ感、みずみずしい質感が出せる。	手が汚れる。指によるムラができやすい。
パウダリー	粒子が細かいので毛穴が消えたような印象。キメの整った肌がつくれる。	肌に乗せる際にテクニックが必要。厚化粧になりやすい。

ずしい肌がつくれます。私個人としては、パウダリーよりも簡単にワンランク上の肌になれると考えています。メイク初心者にはリキッドのほうが失敗しにくいので、使いやすさならリキッドをオススメします。

パウダリーファンデーションで気をつけたいのは、塗る場所とスポンジにとる量。

ただ、リキッドでも仕上げにお粉を塗ればマットになりますし、パウダリーでもツヤ感が出せるものも登場しています。組み合わせは無限大なので、どちらがいいか、というのは非常に悩ましい問題です。

〈リキッド〉

リキッドファンデーションを塗るときは、中指と薬指の第二関節を使ってください。なぜなら力が入らない指なので、肌への当たりがやわらかく、負担がかからないからです。指先だけでなく、第二関節まで広く面で使うことによって一度でスピーディに広い面を塗ることができます。
広い面積には指を柔らかく使い、顔の丸みに沿わせるように塗り、指先ではなく指の腹を使って細部も塗っていきます。

〈パウダリー〉

いままでスポンジにとるパウダーの量は、「半分」といわれていましたが、最近は粉の質も向上し、伸びもよくなりました。そのため、片頬に塗る目安は、スポンジの角に四分の一強の量がオススメです。

しっかりカバーしたい目の下の三角ゾーンが厚くなるようにファンデーションを塗りましょう。皮脂がでたりヨレやすい額から鼻にかけてはそれよりやや薄くなるように、スポンジにとる量を変えてください。

パウダリーファンデーションの塗り方

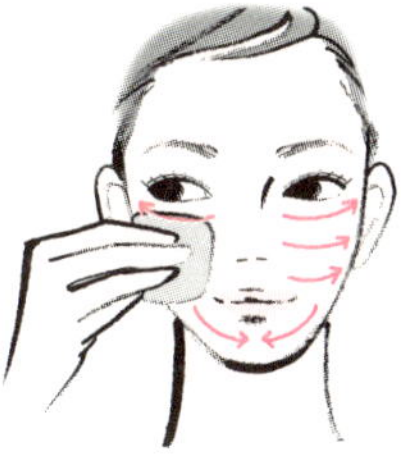

❶頬に塗る

スポンジ1/2面にファンデーションをとり、①目頭の下～目尻の下あたりまで少しずつ下にずらしながら三回に分けて塗ります。②そのままあごにのばし、反対側も同じように塗ります。

❷額、鼻まわりを仕上げる

スポンジの1/4面にファンデーションをとり、①額の下側にのばし、②髪の生えぎわに向けて広げます。スポンジに残ったもので③鼻すじをなで、④鼻すじの横や小鼻のまわりを塗ります。

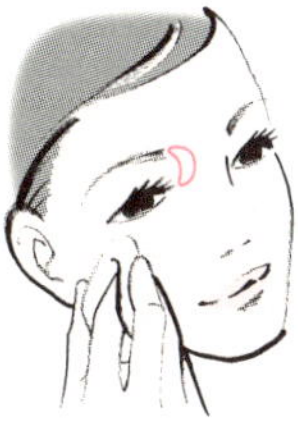

❸細かい部分を塗る

次は目や口のまわりの細かい部分に、残ったファンデーションを薄くのばします。スポンジの角を使い、キワまでていねいに塗っていきましょう。目頭は塗らずに、肌のツヤを活かしたいのでそのままで。

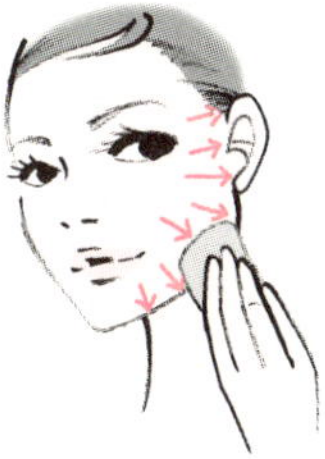

❹顔と首をなじませる

顔と首に色の差があってはだいなしです。❶で塗った部分をフェイスラインにぼかし込みましょう。ポイントはファンデーションをたさずに、スポンジの半分くらいのところを持ち、❶の終わりから耳、首に向けて軽くのばします。

リキッドファンデーションの塗り方

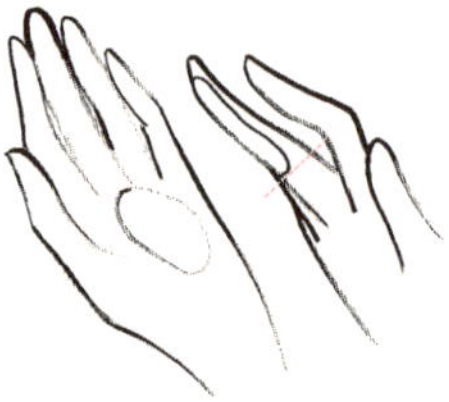

❶指にとる

手のひらにファンデーションを適量出します（使用量は使うファンデーションの説明書を参考に）。中指の第二関節までファンデーションがつくようにして、片頬分とります。

❷中指で塗る

目頭の下あたりに指先がくるように、中指の面を頬につけそのまま、顔の外側へ一気に塗ります。フェイスラインまで塗らず、頬の高い部分で指をストップ。

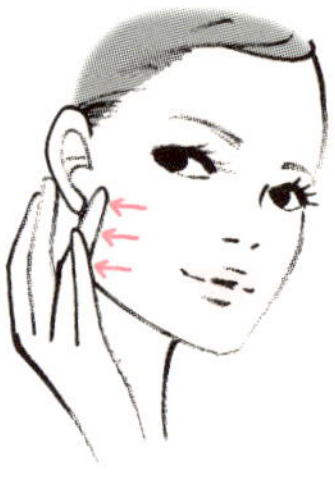

❸薬指でのばす

塗った部分のまわりを、薬指の面を使ってのばします。反対側の頬、額も同様に。そのあと、眉間から鼻すじへとのばし、最後に細かい部分（鼻の下、上まぶた、あご）に中指の先で少量のファンデーションを置き、薬指でなじませます。

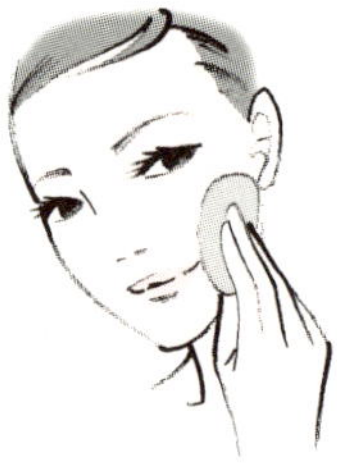

❹スポンジで押さえる

指によるムラを整えるため、スポンジで押さえます。余分な油分も吸収して、ファンデーションもくずれにくくなります。指三本をそえてスポンジを軽く持ち、ポンポンと頬をやさしく押さえます。

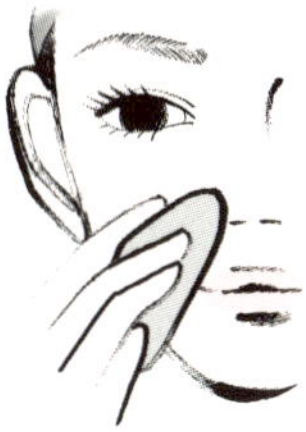

❺小鼻まわりをなじませる

小鼻まわりや目もとなど、細かい部分はスポンジを折って角を使ってなじませます。

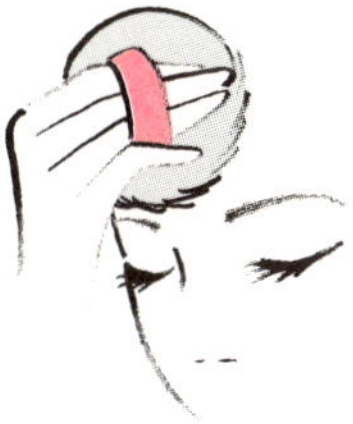

❻フェイスパウダーで仕上げる

パフに粉を適量とったら必ず、一度手の甲でもみ込み量を調節してからのせましょう。皮脂くずれを防ぐためにTゾーンを中心にのせます。他の部分は軽くでOKです。

③コンシーラー

コンシーラーをうまく使えば常にトラブル知らずの肌になれます。

コンシーラーには伸びのいい筆タイプ、硬めのペンシルタイプやピンポイントでカバーしやすいパレットタイプがあります。

使う順番はリキッドファンデーションならコンシーラーを後に、パウダリーの場合は前に使うこと。

柔らかい質感のコンシーラーは広い面を隠したいときに向いています。たとえばクマだったり、目のまわり、まぶた、頬です。

硬いコンシーラーは、シミ、ニキビ跡など確実に消したいときに便利です。

よくあることですが、ニキビ跡をカバーしたいのにボカしすぎて、そのまわ

目の下のクマ

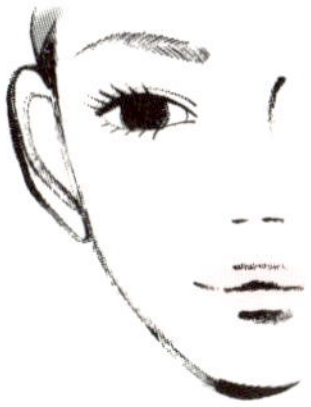

❶目の下に少量、点で置く

クマが気になるところにコンシーラーをのせます。線や面でなく、少量ずつ点で置くと自然に仕上がります。

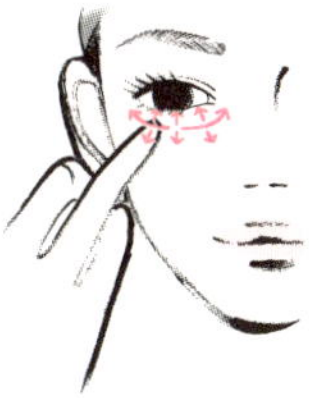

❷薬指でぼかす

一番力の入らない薬指で❶でのせた点をつなげ、左右上下になじませましょう。

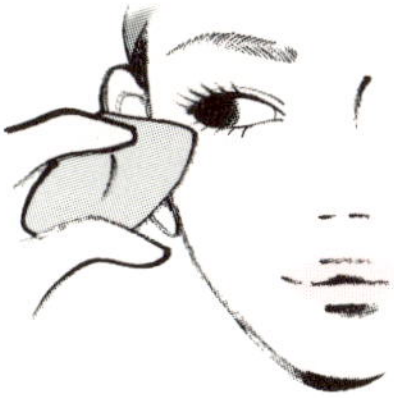

❸スポンジで整える

ムラをなじませるためスポンジの角を使って整えます。目の下からキワにかけ て軽く押さえましょう。

りにコンシーラーが広がってしまい、結局隠したい部分は隠れない……というケースを耳にします。

いちばん気になるところに触れずにまわりをなじませる。中心と一緒になじませるから、隠したい部分のコンシーラーがどんどん薄くなってしまうのです。※16 コンシーラーをのせたことがわからないように、肌とコンシーラーの境目をどれだけフラットにできるかがポイントになります。

正しい方法は隠したい部分に対して、ふたまわり大きく塗ることです。フラットにするには硬めのスティックで塗りつぶしたり、パレットにあるコンシーラーを筆にとってのせてみてください。

確実にニキビ跡やシミを消したいなら、筆を使うといいでしょう。

※16 コンシーラー

OK　NG

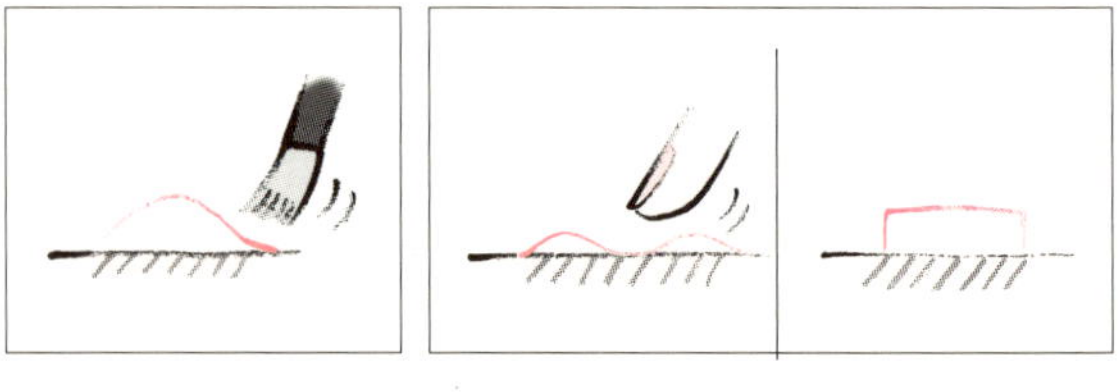

シミ

❶シミより少し大きめにオン

硬めのコンシーラーをブラシにとり、シミ部分に置きます。シミの面積よりもふたまわり大きく塗るのがコツ。

❷綿棒でなじませる

シミ部分には触れず、❶で大きく描いた外側の部分を綿棒や指先でなじませていきます。周囲の肌と溶け込むようにしましょう。

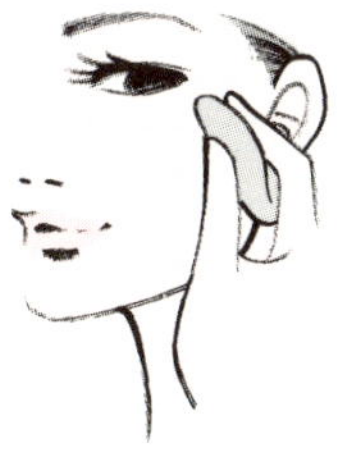

❸ファンデーションで固定

コンシーラーを塗った上から、パウダリーファンデーションを重ね、ヨレないように固定します。スポンジは引きずらず、押さえるように。

④ チーク

第一部の【理論編】でもお伝えしましたが、チークは好感度アップに欠かせません。チークは頬にもともとあるべき血色感を演出し、健康的な表情に仕上げてくれます。

自然に仕上げるために大切なのは、入れる位置と、そしてぼかして肌にチークをなじませることです。また、なりたいイメージに合った色[※17]を選ぶことが自己ブランディングにもなりえます。ぜひ試してみてください。

※17
チークのイメージ
オールマイティ
↓コーラル
キュート
↓ピンク
ヘルシー
↓オレンジ
クール
↓ベージュ・ブロンズ

チーク

❶手の甲に一度のせる

チークの量を調節するために、いったん手の甲にのせ、少し粉を払います。ティッシュでもかまいません。

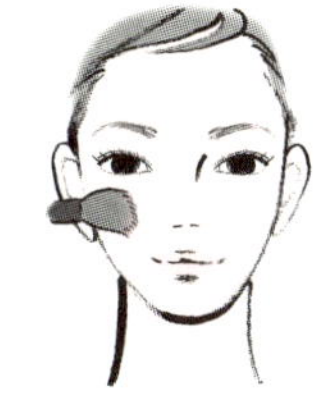

❷起点にブラシをオン

笑ったときに高くなる部分が起点です。目安がわからないときは黒目の下に入れましょう。

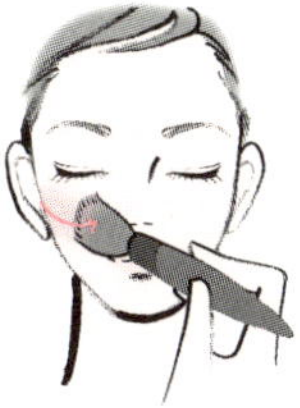

❸スッと横に引く

顔の丸みにそってほぼ平行にブラシを動かします。フェイスラインの指二本分手前で折りかえします。

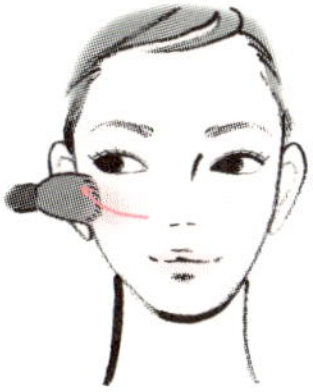

❹頬骨の下を通って起点に戻る

頬骨の下のくぼみに沿うようにゆるいカーブを描きながらブラシを起点に戻していきましょう　。❸と❹のプロセスを二、三回繰り返します。くぼみがわかりにくい人はブラシの柄を骨の下に当てると、くぼみの位置がわかります。

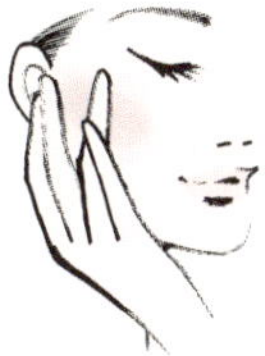

❺手でなじませる

チークを入れた部分と入れてない部分の境目をなじませます。チークの真ん中に　は触らずに、まわりのみをぼかしましょう。

※左右交互に❷〜❹の行程を行うことで発色・位置が対称になり、失敗せず仕上げられます。片頬ずつ仕上げないのがポイント。

PART 2
【実践編】

3

シーン別のレバレッジポイント

シーン
1

「常にベストな状態をキープしたい！」内勤ＯＬの乾燥対策

化粧水より美容液を重視せよ

四季を問わずオフィスは常に乾燥しています。

加湿器を置くなど対策もできますが、スキンケアの段階で乾燥を防ぐことができます。乾燥の原因が、スキンケアに時間をかけていないからということもあるからです。

つけた美容成分がしっかり浸透する時間をとっていますか？　まずは定着するようきちんと時間をおきましょう。

そして、化粧水よりも大事なのは、実は美容液です。

もちろん肌の奥まで浸透する化粧水もありますが、どちらかというと化粧水は、表面をやわらかくして、より浸透を高める役割を果たします。

肌の中までしっかり潤わせたい、そんなときこそ美容液が活躍します。乾燥するからといって、化粧水を何度もつけるより、美容液のほうが肌の奥に栄養を与えます。

一番の乾燥対策は、朝晩に美容液をしっかり入れ込むことです。若いころは美容液の効果がわかりにくいかもしれませんが、二十代後半から三十代になると、明らかに肌質が変わるので試す価値ありです。

また手軽なケアとして、内勤なら化粧水ミストを一本デスクに常備しておくと便利です。自分の好きな香りのミストを用意しておけば、潤いを補給しながら、気分転換にもなります。

シュッと吹きかける化粧水ミストや化粧した上からでも使えるジェルなど便

利なものがいっぱいあります。

使うときは直接吹きかけず、上に打ち上げて、顔でキャッチするとメイクがくずれません。またアルコールが入っている化粧水は、蒸発してしまうので、より乾燥が激しくなります。乾燥が気になる方は避けたほうが無難でしょう。

肌の潤いを逃がさないためにクリームでふたをすることもお忘れなく。

粉の量に気をつける

乾燥時にやってはいけないのは、むだに粉を多く塗ることです。

乾燥した顔を隠そうとファンデーションやルーセントパウダーを塗ってしまうと、肌になじまずシワになったりし、さらに肌が乾燥したりして悪循環になります。

顔の中でも皮脂の分泌が激しいTゾーンや小鼻のまわりには粉をのせることで皮脂くずれを防ぐことができます。

それ以外には粉を塗らないぐらいでもかまいません。目のまわりは乾燥しやすいので特に最小限にとどめてください。

パウダーはその特性上、皮脂を吸収するのでたくさんつけるとどうしても乾燥しやすいのです。

夜に汚れをしっかり落とす

朝にちゃんと毛穴を引き締めることも大事ですが、夜のお手入れも忘れてはいけません。きちんとクレンジングをしているつもりでも、毛穴には汚れが詰まって、脂がいっぱい出てきたりします。メイクのりが悪くなったと思ったら、自分の肌状態を確認し、週に一度、古い角質や毛穴の汚れをとるスペシャルケアをしてみてください。

汚れを吸着させるクレイパックやソフトなピーリング、酵素洗顔もいいでしょう。絹のガーゼや特殊な洗顔用ミトンで顔を軽く洗うだけでも全然違います。汚れのない肌にはスキンケア成分もきちんと浸透します。

「今日は大変だった、肌が乾燥した」と思ったら、いつもの夜のお手入れに美容液やパックなど特別なケアをプラスしてみてください。月に一度、お店でプロのフェイシャルエステを受けるのもいいですね。

毎日シートパックする必要はないので、疲れたときに自分を助けてくれる特効薬的なアイテムや、困ったときに駆け込めるサロンがあると心強いものです。

肌の状態がよくなると、気分も上がります。仕事と一緒で、大きなミスはダメージも大きいですが、小さなミスなら気づいたときにケアすれば被害も最小ですみます。

また、自分の肌をちゃんと観察すると、肌の調子のよし悪しがわかってきます。最近すごく小鼻まわりがテカテカしているなと思い、よく見てみると毛穴に角栓がぎゅうぎゅうにつまっていた……ということも。きちんとケアした翌日はメイクのりと、もちも格段にアップします。

シーン
2

「内と外を行ったり来たり！」外まわりの汗、皮脂くずれ対策

汗の拭き方にもひと工夫を

夏になれば暑い外と、冷房の利いた寒い室内の往復。気温差が激しく、体温調節がうまくできないことがあるものです。

朝に完璧なメイクをしても、出社したころには汗と皮脂でメイクがくずれてしまった！　ということも……。こういった皮脂くずれは、朝のメイクである程度とめられます。くずれるのを前提に、薄いメイクをするのです。

ファンデーションを塗り過ぎず、薄くつくっておきます。★5

また簡単なことですが、汗を拭いたときにはこすらないことです。せっかく

尾花のこばなし

★5
オススメベースメイク
汗をかくことを前提にくずれてもリタッチが簡単なメイク法があります。下地を塗り、パウダリーファンデーションを塗る前にルースパウダー（お粉）を先に塗ってしまうのです。薄い膜をつくることで、その後にのせるファンデーションの厚塗りが防げます。

の化粧もズリッと拭きとらないように、上からそっと押さえてください。そういったハンカチ使いも大事です。油とり紙やティッシュでこまめに皮脂をとりましょう。メイク直しには三段階あるので、次のページで順にご説明します。

〈小直し〉

小直しは「軽度のメイクくずれ」のこと。テカリが出て、皮脂が気になる状態です。朝に洗顔をしてから二〜三時間後に皮脂分泌がもとに戻るといわれています。くずれる前に直すのが、メイク保ちを高める最大のテクニックです。

まずはファンデーションのヨレをスポンジでならし、トントンと自分の皮脂とファンデーションをなじませて、一回平らにします。軽く脂をとってから、少しだけパウダリーファンデーション、もしくはプレストパウダーを重ねてください。

〈中直し〉

中直しは「小直しがさらに進んだ状態」です。Tゾーンや小鼻のまわりがテカリ、眉の周囲も皮脂線が多いので、アイブロウがとれやすいものです。脂とり紙で眉の皮脂をしっかり押さえてから、眉を描きたしてください。

アイシャドウのヨレやマスカラが落ちてパンダ目になってしまった場合は、

綿棒で優しく落としましょう。リタッチが難しいときは、綿棒の先に乳液を少しつけてから拭きとると簡単です。乳液の油分がリムーバー代わりになり、肌に負担をかけることなく拭きとることができます。

〈大直し〉

大直しは「上からファンデーションを重ねるだけでは修正できないぐらい、メイクがはげてしまったときのお直し」です。この場合は一度ファンデーションを拭き取ってから塗り直したほうがキレイに仕上がります。

コットンに適量の乳液をとり、くずれた部分を拭きとります。乳液が肌になじんだのを確認してからファンデーションを塗ってください。最後にチークを入れれば血色もプラスされ緊急事態も回避できます。

中直し

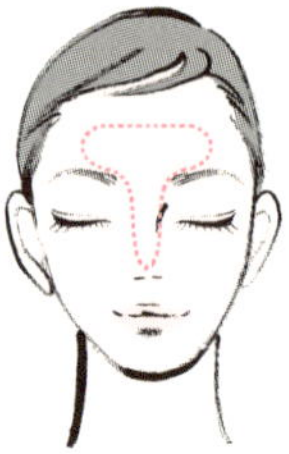

Tゾーンがテカテカ

さらに二～三時間たつと皮脂分泌の多いTゾーンのテカリが気になりはじめます。やがてファンデーションが皮脂と混ざり合ってドロドロになっていきます。

↓

皮脂を利用してメイク直し

テカテカになった部分をスポンジで押さえながらならし、皮脂と混ざったファンデーションを肌にフィットさせていきます。そのあとティッシュで押さえて余分な脂分を吸いとってから必要であればファンデーションを薄く重ねてください。

小直し

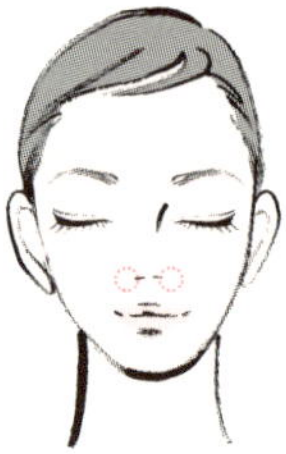

小鼻が脂っぽい

ファンデーションを塗ってから一～二時間たつと、小鼻あたりに皮脂がにじみ出てきます。このとき、ファンデーションは皮脂によって肌から浮き上がった状態です。

↓

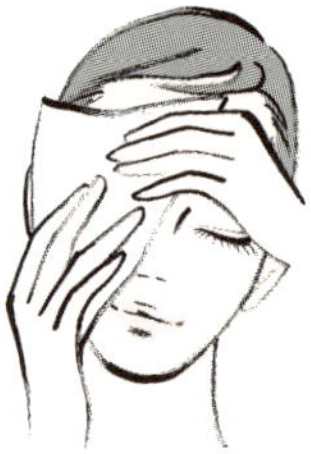

ティッシュで皮脂をオフ

ティッシュで顔全体をおおい、ティッシュの上から頬や額を軽く押さえます。さらに小鼻や鼻すじなどの細かい部分を指の腹で押さえます。ゴシゴシこすってしまうと、ファンデーションがとれるので注意！

大直し

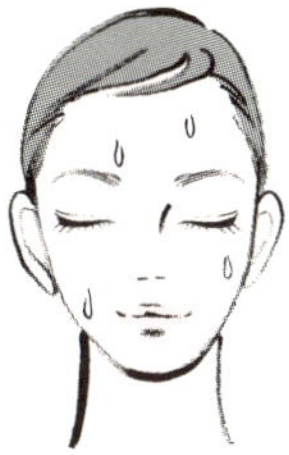

ファンデーションがハゲハゲ

さらに時間がたったり、汗をかくと顔の広範囲にわたってくずれてきます。ドロドロを放っておくとファンデーションが部分的にはげてムラになります。

↓

❶ムラを乳液でオフ

コットンを水でぬらし、軽くしぼっておくと乳液のふくみもよく、拭きやすくなります。乳液を含ませたコットンを中指にはさみ、ムラになったファンデーションをとり除きます。

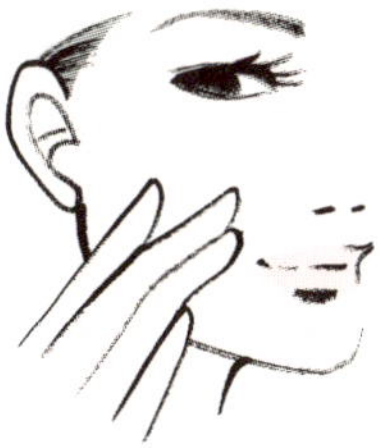

❷乳液を重ねてメイク直し

さらに乳液を手にとり、ファンデーションを拭った部分に少量たし、なじませます。これが下地になります。この上にファンデーションを顔の中心から外側に向けて塗り直します。

シーン
3
「この案件は決めたい！」ここ一番のプレゼン目力対策

プレゼンを確実に決めたい、その意志を顔にしっかり出したいですよね。意志をアピールするのはやっぱり「目」です。正面から見た上向きまつげには、迫力があります。まつげが下を向いているのか、上を向いているのかでその印象は大きく変わります。

上向きまつげは横から見てもポジティブな印象を与え、目も大きく見えます。まつげの上がり具合で表情も変わるので、大事なプレゼンの日には、まつげとテンションは高めに上げていきましょう！

隙間《すきま》を埋める

目力対策のポイントは「隙間を埋める」こと。

魅力的だと思う女性の目は、黒目がちです。隙間なく埋めてあるアイラインに上を向いたまつげは、勢いがあるので若く見えて年齢不詳な印象になります。

この「隙間」は加齢と関係しています。特に三十代以上の方にはよく読んでいただきたい。

あなたはどのぐらいの周期でメイク方法を変えていますか？

私見ですが、経験上、メイク方法を変えないタイプは四十代後半の美人に多いように感じます。バブル期や、自分がイケていた時代の感覚をそのまま引きずっているのではないでしょうか。

もし二十代後半で自分の黄金期（モテ期♡）を体験したなら、一番よかったときの自分の顔を忘れられない……なんてことも。

しかし、悲しいかな重力もかかり、皮膚が下がってきます。いままでのメイク方法では「黄金期の自分」が保てません。ちなみに黄金期とはマイナス要素がなく、プラスするだけでよかった時期を意味します。

アイシャドウをしっかり塗っているのになぜか目元の印象がハッキリしない。逆に、メイクが濃い、重い、違和感を覚える……それは、若いころはなにもしなくてもピシッと決まっていたメイクが、老化とともにちょっとゆるんできたり、まぶたが重くなって決まらなくなってくるからです。

四十代以降のメイクは、そのマイナス要素をまず〝なかったことに〟することからはじまります。マイナスからスタートラインのゼロまで持ってくるプロセスが「隙間を埋める」ことなのです。

コスメは日々進化していますので、一年もたてばファンデーションは去年よりも確実によいものになっています。それをとり入れずに昔と同じコスメを使い、化粧方法を変えずにメイクしていたのでは、よりエイジングの変化が目立つのは当然です。

三年前と同じメイク方法では、エイジングを楽しめません。

究極を言えば、新しいコスメを使うことでてっとり早く〝旬〟をまとうことができます。キレイを更新し続けることができる上、トレンドも簡単に取り入れられるのです。

話をアイメイクに戻しましょう。隙間を埋めることで黒目を大きく見せ、瞳自体の勢いと説得力が増します。ただアイラインを引いているのと、隙間を埋めている目※18は印象が違います。

ここではアイライン、マスカラ、アイシャドウの効果についてご説明します。

※18 隙間を埋める
OK まつげとまつげの間の皮膚を塗りつぶすようにアイラインを入れる。
NG まつげの上側に細く引いただけのアイライン。

OK

NG
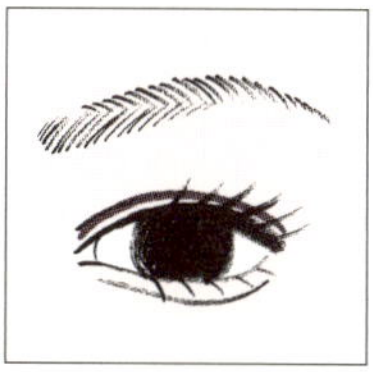

〈アイライン〉

アイラインのポイントは、黒目からアイラインの黒がまつげの先端に自然につながっていくようにアイラインを入れることです。黒目が大きく見え、印象的な瞳になります。

目尻側が自然に上がったようにラインを入れると、キリッと表情が引きしまって見えます。そうすることで、目に力が宿ったように説得力が増すのです。

アイライン

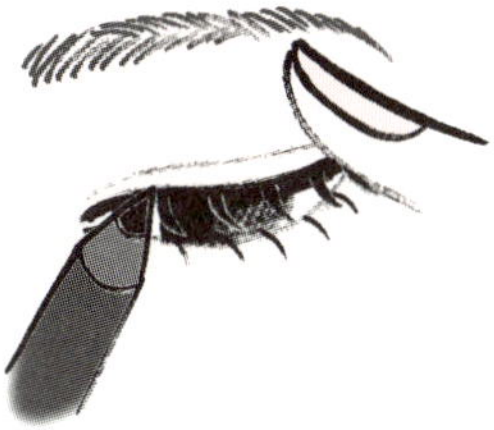

❶まつげとまつげの隙間を埋める

まつげの生えぎわにペンシルライナーの先を当てます。左右にこまかく動かしながら、まつげの間を塗りつぶします。目の中央から目尻へ、中央から目頭へと動かして。キワが全部塗れているかを確認しましょう。

❷目のキワをチェック

目のキワが全部埋まっていれば線がガタガタしていてもOK。皮膚が見える部分が残っていれば描きたします。

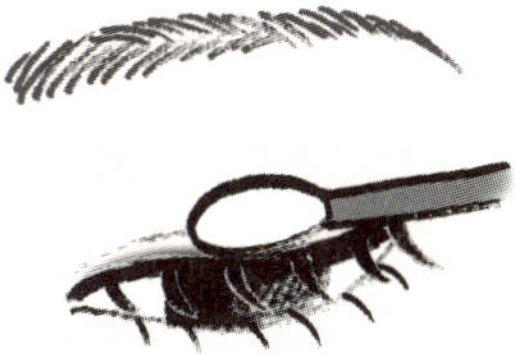

❸ラインをぼかす

ガタガタしている外側のラインだけに綿棒を当て、目頭から目尻までぼかします。目のキワまで綿棒を当てるとせっかく描いたラインが消えてしまうので注意してください。

〈リキッドライナー〉

まつげの間が埋まっていれば、ペンシル、リキッドどちらでもかまいません。ペンシルでアイラインを入れるよりも、リキッドのほうがくっきりしたラインが描けるのでよりシャープな印象になります。キレイに線を引こうと思うとハードルが上がりますが、一気にスーッと描くのではなく、黒目のあたりから半分ずつ分けて描けば大丈夫です。

ペンシルでやったのと同じく「埋めること」を意識して引いてください。八十八ページのように、ひじを机に固定させて、安定した状態で描くことも大事です。ジェルタイプのアイライナーもにじみにくく、ぼかしやすいので人気があります。

リキッドライナー

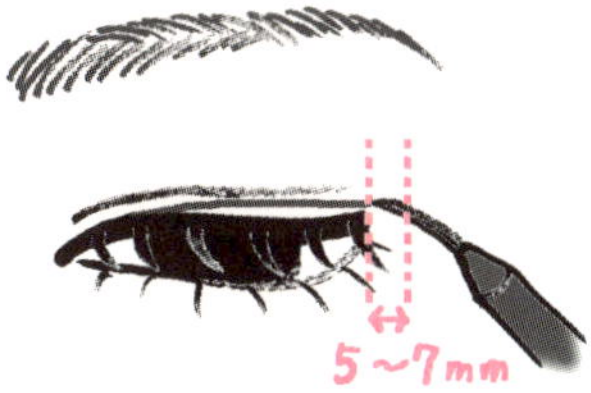

❶ペンシルのあとにライナー

伏し目ぎみにしてからリキッドライナーを使います。筆先を黒目の中央あたりのまつげのキワに当てて、目尻に向けて直線的なラインを描きます。目尻から五mm程度外側へのばします。

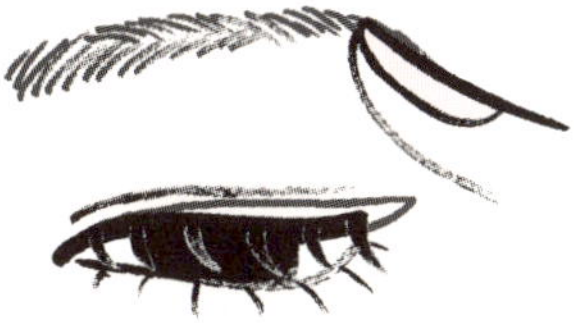

❷リキッドラインを目尻とつなげる

❶で描いたラインの終わりを目尻端のまつげのキワとつなげます。指でまぶたを少し持ち上げると描きやすいでしょう。

❸目尻の隙間を塗る

❶と❷のラインで囲まれた部分をリキッドライナーで塗りつぶします。正面から見たとき目尻が強調されて、目力が上がります。

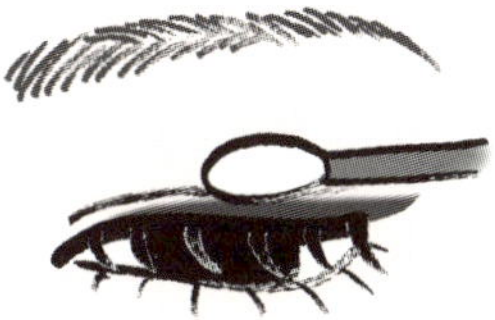

❹ラインの上だけぼかす

リキッドが完全に乾かないうちに、描いたラインの上に綿棒を当てて、そっとなぞりましょう。まぶたにラインがなじみつつ、主張しているのにナチュラルな目元のできあがり。

〈ビューラー〉

私はまつげの先までが目と認識されると思っています。正面から見たときに毛先が見えていることで目がパッチリ大きく見えます。

「マスカラを塗っても目力が上がらない、効果が出ない」とおっしゃる方はマスカラを塗る前にビューラーでしっかりカールアップしていないことが多いようです。まつげが上がっていなければ、フレーム効果もイマイチです。

またビューラーで上げてはいるけれども、塗ったマスカラがダマダマだと、かえって雑な印象を与えてしまいます。

ビューラー[※19]はしっかり根元にからませてから、毛先に向かってスーッと抜きます。このとき、大事なのは方向づけです。ちゃんと中央は真上、目頭は鼻すじのほう、目尻はこめかみのほう、そして扇形になっているか。百八十度開いているように上げてから塗れば、マスカラの効果を最大限に作れて、目に広がりが生まれます。

※19 ビューラー
人によって目の大きさやカーブはさまざまです。ビューラーのサイズもメーカーによって違うので、うまくまつげが上がらない人は、ビューラーを変えてみるのもいいでしょう。

ビューラーの使い方

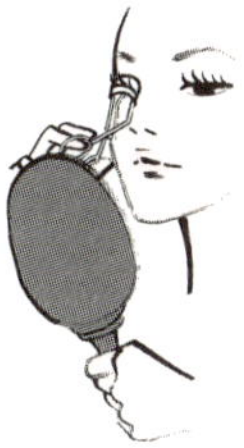

❶ビューラーを根元にセット

手鏡をイラストのように下側に持ってのぞき込むと、まつげの生えぎわがよく見えます。目のキワにビューラーを当てます。

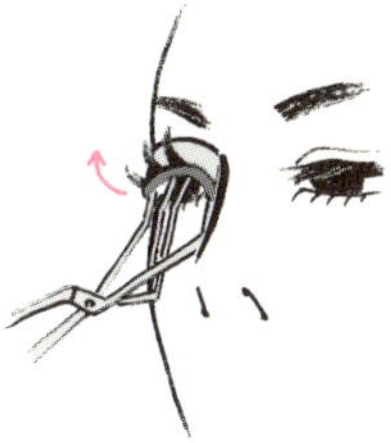

❷根元を上げる

目頭～目尻のまつげを残さずビューラーに入れたら、まぶたをはさんでいないか確認します。グッと一回握り、根元をカールアップさせます。

❸中間にかける

手の力をゆるめ、ビューラーを根元から少しずらしてまつげの中間に当て、グッと握ります。しっかり上げるコツはビューラーを持っているほうのひじを上げることです。

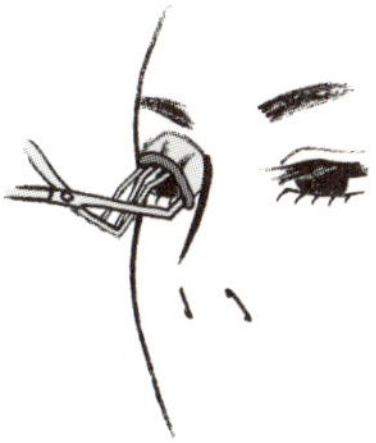

❹毛先にかける

ビューラーを毛先側にずらして、グッと握って完成。三回に分けることでキレイなカーブがつくれます。

〈マスカラ〉

信頼される顔は、先端にまで神経が行き届いているものです。

まつげを少しでも長く見せたいと思う気持ちはわかりますが、先端ばかり重ねづけするのはNGです。まつげが束になって、毛先がぼってりと太く不自然な印象になってしまいます。指先、毛先にまで気を配れてこそ、信頼される女性といえます。小さい目より、広がりのある大きい目で、より強く訴えかけたほうが説得力も増します。マスカラで目の大きさを一・五倍にすることも可能です。

まつげをキレイな扇形にするために、三つのパーツに分けそれぞれに方向づけてマスカラを塗ります。マスカラをつけるときは根元にしっかり塗ること。根元につけて、毛先はスッと抜くように。

マスカラの塗り方

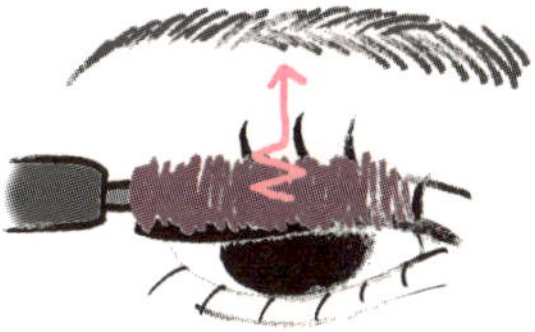

❶中央に塗る

ビューラーをかけてから塗りはじめます。手鏡を下に持ち、上から見下ろしてまつげの根元が見えるようにし、中央の部分の根もとにマスカラを当て、左右にジグザグさせながら塗り、毛先に向けてスッと抜きます。

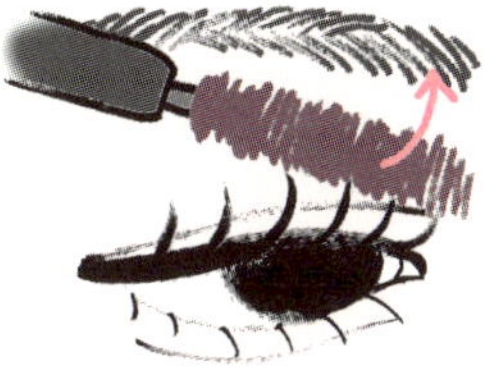

❷目頭に塗る

目頭はまつげが少ないので、根元に当てたらそのまま内側に毛先に向けて動かします。このとき、鼻側に向けてつけると、目頭側の短いまつげがキレイに広がり、存在感が出ます。

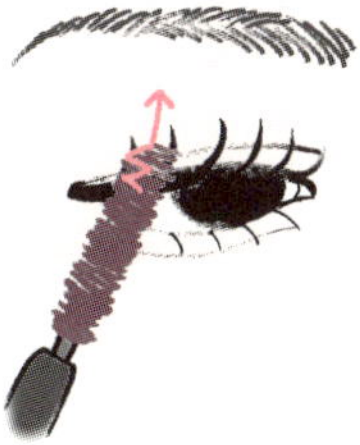

❸目尻に塗る

目尻側はブラシを外側に向かって斜め上に動かします。理想の長さ、ボリュームになるまで根元からスッと抜くように重ねましょう。

❹下まつげに塗る

下まつげは二段階に分けて塗ります。中央、目頭、目尻側に分け、中間から塗りまつげを下向きに方向づけます。次に下まつげの根元にマスカラを当てて、毛先に向けてブラシを動かします。

〈ホットビューラー〉

ビューラーで徐々にカールをつくるのが苦手なら、ホットビューラーがあると便利です。買うことになっても費用対効果は絶大。ビューラーとホットビューラーの二刀流にしたほうが実は効率的で、仕上がりも美しいのでおススメです。

根元はビューラーで上げて、マスカラを軽く塗ったあとに、ホットビューラーでカールをつけます。ビューラーのテクニックがなくても、むしろ簡単です。

ホットビューラーで完璧に形をつくってから、あとは好きなだけ重ねづけをしてボリュームを出してください（職場の常識の範囲内で）。

マスカラを塗ってからホットビューラーを使う理由は、マスカラでまつげをコーティングして熱を加えたほうが、熱でマスカラが溶けて形が固定されるからです。

マスカラの塗り方

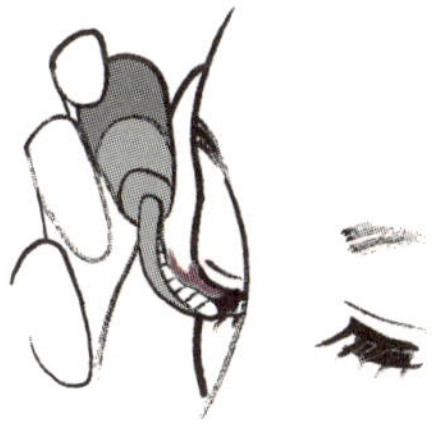

❶まつげの中間部分に当てる

ホットビューラーのスイッチを入れて温めます。その間にビューラー、マスカラをすませます。ホットビューラーが温まったら、まずは目の中央のまつげの中間部分に当てて二秒キープ（根元に近づけすぎると、まぶたをやけどすることがあるので注意）。

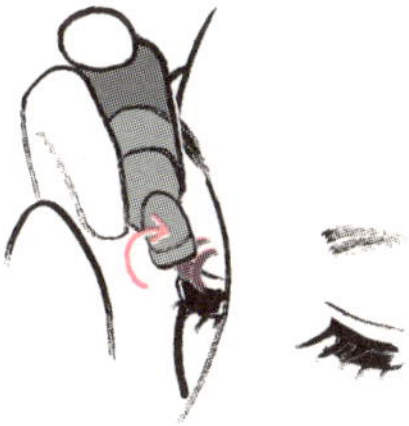

❷毛先をカール

矢印のようにカーブを描きながら、ホットビューラーをまつげの毛先に向けて動かします。熱によるスタイリング効果でカールも持続します。

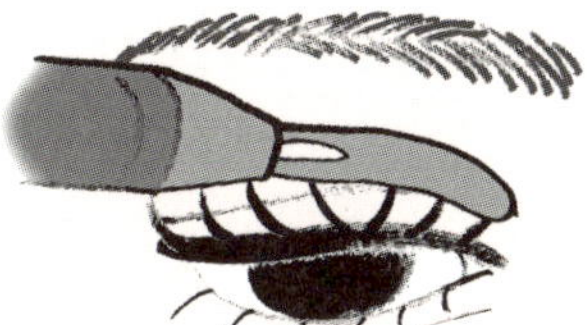

❸目頭側はまつげを持ち上げる

目頭側のまつげにも根元から少し離れた部分に二秒おき、毛先へ回転させながら動かします。目頭側のまつげをカールさせ、存在感を出すことで目が大きく見えます。

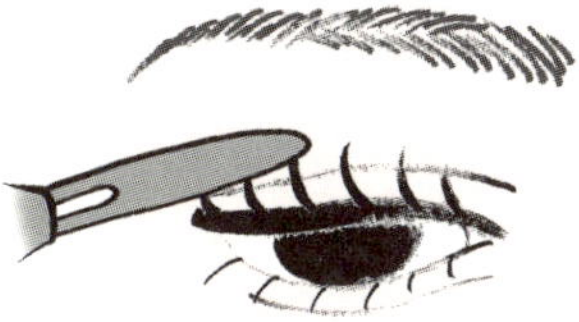

❹目尻は最後の一本もカール

最後に目尻側のまつげに当て、目頭側と同じく根元から少し離れた部分に二秒当て、外側に向けながら毛先へ動かします。TPOに合わせて、ボリュームを出したいときはさらにマスカラを重ねます。

また、パンダ目になるのが怖くて下まつげにマスカラを塗らない方が多いのですが、予防策をしておけば大丈夫です。マスカラを塗る前に、下まぶたにアイシャドウや、パウダリーファンデーションなどの粉をのせておくとにじみにくくなります。下まつげにマスカラをのせると上下に縦幅が強調され、目が大きく見えます。

マスカラが目尻ににじんでパンダ目になる理由は、大きく分けて二つあります。人それぞれですが、涙や汗、目薬などの水分が原因の場合と、皮脂との摩擦により油分がついてしまうことが原因の場合です。パンダ目になりにくいといわれているのは、ウォータープルーフタイプやフィルムタイプです。[※20]

しかし、目もとのまわりの油分が多いか、水分が多いか、個人差があるので一概にはいえません。たとえば目もとまわりの油分が多い人は、ウォータープルーフでもにじみやすいのです。

※20
ホットビューラー
●ウォータープルーフタイプ
汗や涙に強く、落ちにくいのが特徴。
●フィルムタイプタイプ
ウォータープルーフタイプのように水分に触れてもにじみにくいという性質を持ちながら、普通の洗顔料で簡単に洗い落とせる。そのため、まつげに負担をかけない。
●ファイバータイプ
まつげを長くするためにファイバー（繊維）が配合されている。ファイバーがまつげにからみつくように付着し、まつげを長く見せる。

目のまわりの汗、水分など分泌されているものによって違うので、地道に自分に合うマスカラを試していくしかありません。清潔感のある印象的な目もとは一日にして成らず、です。

また、まつげを長く見せたいなら、繊維入りのファイバーマスカラがオススメです。

どうしてもマスカラがまぶたにつきやすい方なら、ブラシの小さいマスカラやコーム状になっているタイプを選んでください。とても塗りやすいものがたくさん発売されています。※21

※21 マスカラヘッド
マスカラのコーム部分はメーカーや用途によってさまざま。右は太く長くしたいときに、真ん中は繊維が豊富なタイプ、左は下まつげにもつけやすいタイプ。

〈アイシャドウ〉

清潔感のある目は白目が澄んでいます。白目が赤く充血していたり、黄色く濁っていては印象もよくありません。澄んだ白目もメイクで演出できます。アイメイクの役割は、より印象的な目もとに仕上げること。オフィス仕様なら、肌色の延長にあるブラウン系を。尾花流アイメイクの基本はブラウンアイメイクです。目頭に入れるハイライト、下まぶたの目尻下に入れる締め色などは目の構造にあった自然な陰影をつくります。

自分の肌色に合ったブラウン系の四色アイシャドウを用意してください。ハイライトから締め色の四色のグラデーションで構成されているものであれば、使いやすいでしょう。選ばれた四色は目の構造に対応しているので、正しい位置に色をのせれば立体的な目もとも簡単につくれます。

アイシャドウの基本

アイホール

C ベースカラー

上まぶたの眼球の丸みの部分のこと。

眉下

D ハイライトカラー

眉尻のすぐ下の部分のこと。

目頭

D ハイライトカラー

目頭を幅約四〜五㎜程度の「く」の字形に囲む範囲。

目のキワ

A 締め色

上まぶたの目のキワから幅二〜四㎜の範囲。

目のキワの上

B

目のキワのすぐ上の三〜五㎜の範囲。

下まぶたのキワ

B 中間色

下まぶたの目のキワから幅約二〜四㎜の範囲。

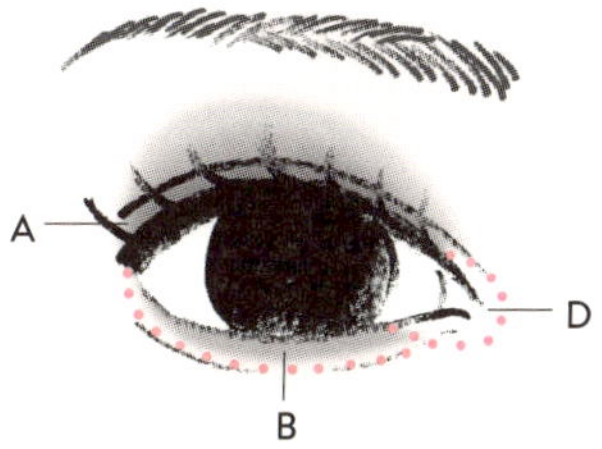

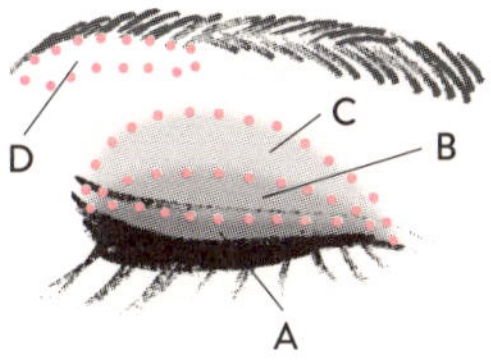

アイシャドウ

A 締め色
B 中間色
C ベースカラー
D ハイライトカラー

CASE
[1]

つり目

きつい印象に見られがちなつり目。下まぶたに締め色を入れるほかに「パール入りアイシャドウ」をプラスするとやわらかい印象に変身します。

【アイシャドウ】
A 締め色
B パール入りの中間色
C ハイライトカラー

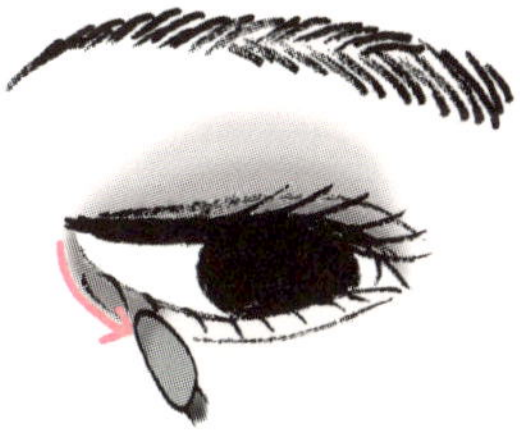

❶締め色をのせるてる

159Pの基本の塗り方を参照して、上まぶたのアイメイクを仕上げてからスタート！　次に締め色を細いチップにとり、チップの先を下まぶたの目尻のキワに当てます。そのまま目頭側へと動かして細いライン状に入れ、目の幅の1/4でとめる。

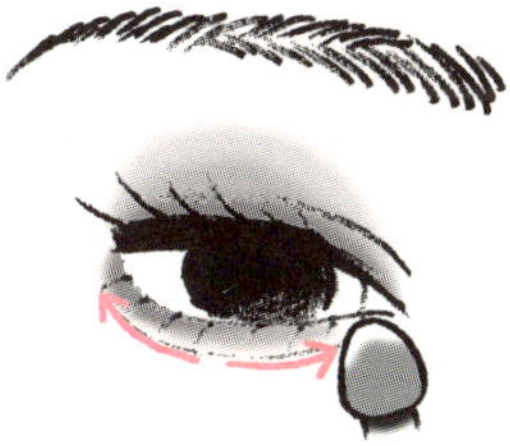

❷パール入り中間色をのせる

太いチップの先にパール入りの中間色をとり、下まぶたの中央～目頭、中央～目尻の順に入れます。目尻側は❶の締め色の外側に細く入れてください。チップの先にハイライトカラーをとり、目頭側に少しのせて目もとに透明感を出します。

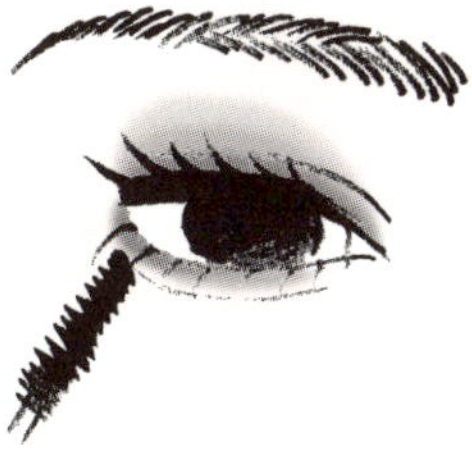

❸マスカラを塗る

153Pの塗り方を参照してマスカラを塗ります。上下に塗ったらブラシを縦にして、ブラシの先端で目尻側のまつげに重ねづけます。締め色との相乗効果で目尻の重心が下がってやさしい目もとになります。

CASE
[2]

たれ目

たれ目の場合は常にかわいらしいイメージになりがち。アイシャドウでキリッとした目もともつくれます。

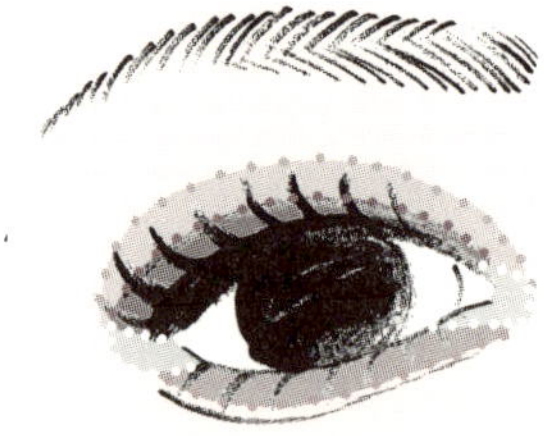

【アイシャドウ】
A ベースカラー
B 締め色
C 中間色
D ハイライトカラー

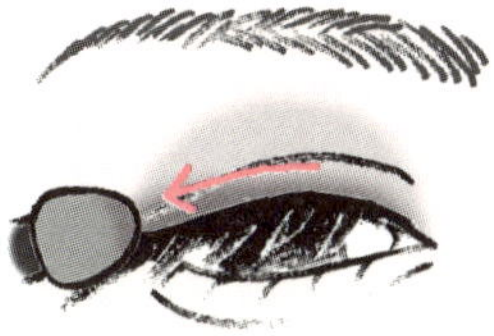

❶目尻側を太く仕上げる

ベースカラーを太いチップか指先でアイホールに入れます。次に太いチップの先に締め色をとり、まつげのキワを埋めるように入れて、目尻はやや太くなるようにします。二色の境目はチップか綿棒で軽くぼかします。

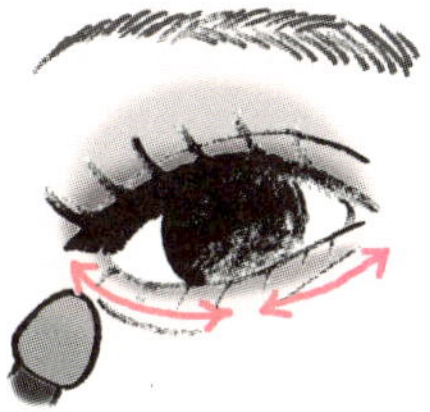

❷下まぶたに中間色を入れる

太いチップの先に中間色をとり、下まぶたの中央〜目尻、中央〜目頭の順に細く入れます。このとき目頭側は目のキワまで塗らず、少しあけるように。目尻は太くならないように気をつけます。

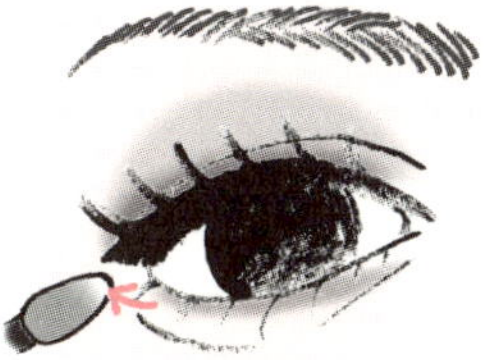

❸下まぶたにハイライトカラーを

細いチップの先にハイライトカラーをとり、下まぶたの目尻のキワのくぼんだ部分に入れます。さらに、チップに残ったアイシャドウを目頭に入れ、軽さを出します。

❸マスカラで目尻をアップ

153Pを参照して、マスカラを塗ります。目尻側はブラシの先端でまつげの根もとを押し上げるようにして、キュッと上がった目尻をつくります。

CASE
[3]

奥二重

上まぶたのアイメイクが隠れるので、メイク効果を実感しにくい奥二重。下まぶたにラインを引くことで印象が変わります（とはいえ、奥二重の方は、マスカラに力を入れるのが一番効果的です）。

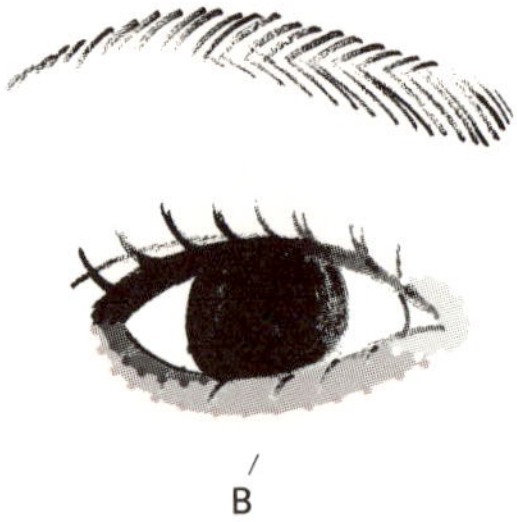

【アイシャドウ】
A 締め色
B 中間色
C ハイライトカラー

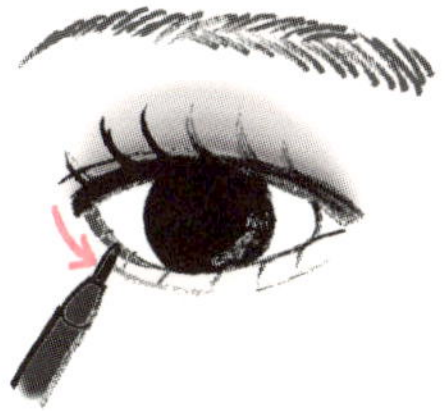

❶目尻側1/3にラインを引く

P147の基本的なラインの引き方と、P159のアイシャドウの塗り方を参照し、上まぶたのメイクを仕上げます。そのあと、下まぶたのキワの目尻側1/3にブラウンのアイライナーでラインを描きます。目尻から目頭の方向へ、まつげの生えぎわを塗りつぶすように細く描きます。

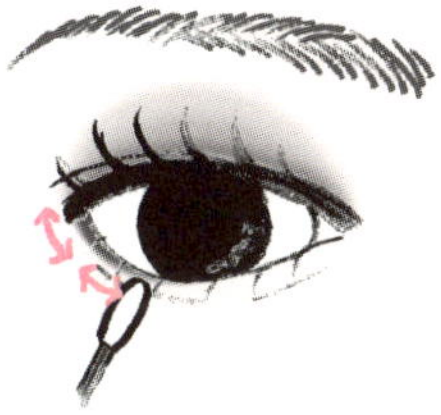

❷ラインの縁だけぼかす

描いたラインの外側を綿棒でそっとなぞり、ラインをぼかしてなじませます。全体をなぞってしまうと、描いたラインが消えてしまうので注意。

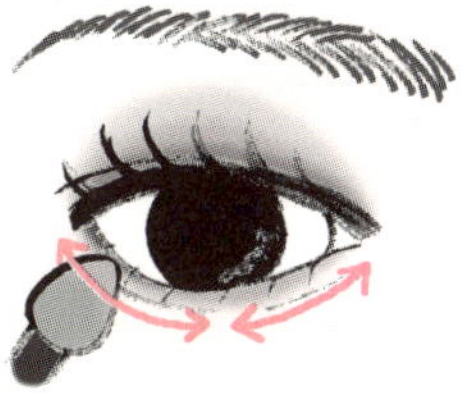

❸下まぶたのキワに中間色を塗る

アイシャドウの中間色をチップの先にとり、チップを立てて下まぶたの中央～目頭、中央～目尻の順番で下まぶたのキワに塗ります。さらに目尻～目頭の方向に再度重ねます。

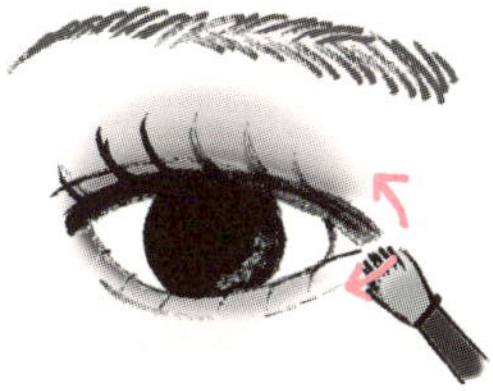

❹目頭にハイライトカラーを塗る

ハイライトカラーをブラシの先にとり、目頭を囲むようにして、まつげの生えてない部分まで入れます。こうすると、目もとを明るく見せる効果がアップします。

CASE

[4]

一重

目のフレームを強調すれば一重を大きく見せられます。アイライン、アイライナーを使い分けるのがポイント。

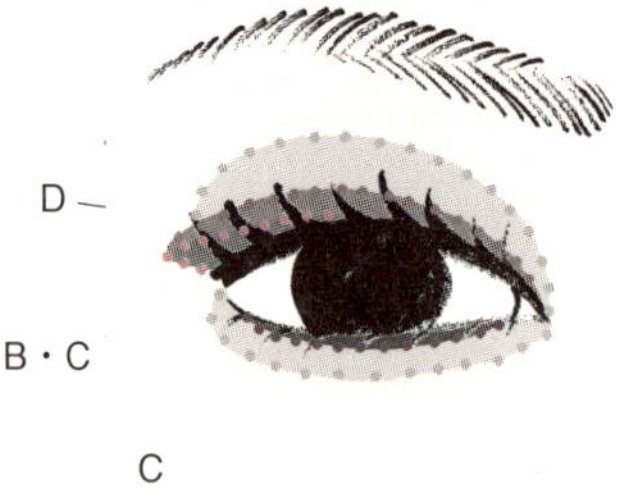

【アイシャドウ】

A ベースカラー
B リキッドアイライナー
C ペンシルライナー
D 締め色

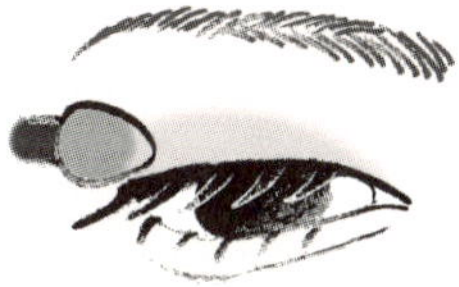

❶アイホールにベースカラーを塗る

アイシャドウのベースカラーをチップにとり、アイホールの2/3くらいの範囲に塗ります。チップを数回往復させ、境目をキレイにぼかします。

❷上まぶたにアイラインを描く

アイライナーはペンシルとリキッドの二本を併用します。P149の描き方を参照し、リキッドで描き、目のキワをしっかり引き締めて。目尻はスッと長めにのばします。反対の手で目尻を軽くひっぱりましょう。

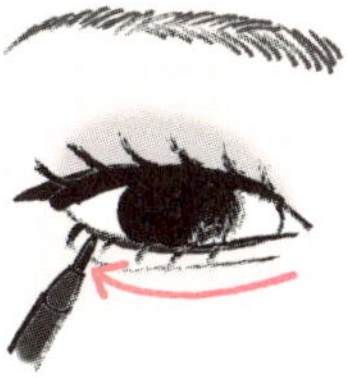

❸下まぶた全体にアイラインを

下まぶたのキワにもペンシルタイプのアイライナーでラインを描きます。目尻から目頭に向けて、まつげの根元だけを埋めるように細く描きましょう。

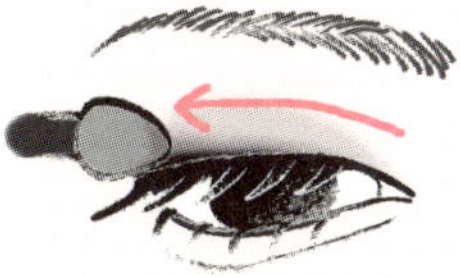

❹上まぶたのラインに締め色

❷で描いたラインの上に重ねるように、アイシャドウの締め色をチップで細かく入れます。これで目のキワが引き締まり、アイラインも目もとになじんでナチュラルに。

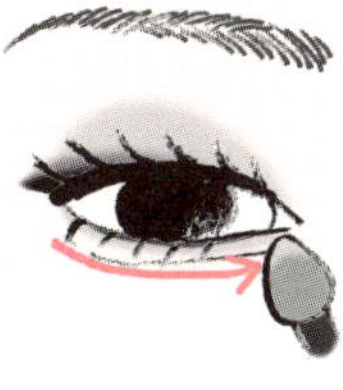

❺下まぶたのキワにベースカラーを

下まぶたのアイラインに重ねるように、目尻から目頭まで細くライン状に入れます。下まぶたにもシャドウを入れると目もとが明るくなり華やかな印象になります。

シーン
4
「突然フォーマルといわれても困る！」会社のパーティ対策

普段のビジネスメイクとは違うので「どうしよう！」と慌ててしまうかもしれませんが、臨機応変にメイクを変えてこそ真の大人の女性。ここはいつものビジネスメイクと差をつけて楽しんでしまいましょう！

パーティには光、ツヤ、色

夜のメイクに必要なのは華やかさです。

自分が主役ではないイベントや接待などの席でも、場に応じた華やかさをメイクで演出することが大切です。こういうところでメイクで遊べると、あなたの個性もより際立つでしょう。

仕事のあとにパーティがあるなら、普段のビジネスメイクに華やかさをプラスします。投入すべきは「光」、「ツヤ」、「色」です。ラメのアイシャドウをのせたり、カラーアイライナーを入れるだけでかなり華やかになります。

大事なポイントは、フルメイクでがんばらないことです。全部のパーツのメイクを全力でやってしまうと、「がんばっている人」になってしまいます。目もとにポイントをもたせるなら唇の色をちょっと抑えるなど、メイクのトータルバランスに気をつけてくださいね。

主役にしやすいパーツはやはり目です。ラメやパールで目を囲って目もとを華やかに。

カラーのアイシャドウを使うときに、みんなが敬遠しがちな派手色やラメものは下まぶたにのせると取り入れやすいですよ。下まぶたの狭い範囲にラインとして五ミリ幅以内でのせるだけでOKです。涙袋、涙堂と呼ばれているふくらみを下まぶたと言っています。

これが、陰になるところまで入ってしまうと、だらしない印象になりますので気をつけてください。大人ですから目もとのみ、一点をキラッとさせることで華やかさを投入できます。

もし上まぶたに入れるのであれば、目のキワをブラウンやグレーなどのベーシックカラーで締めた状態にしてください。中間色の範囲に、そのカラーのアイシャドウを入れるということが、チラ見せ効果になり、がんばりすぎない印象になります。

目を伏せたときに、ちょっとしたニュアンスが感じられていいですよ。

パーティメイクのポイント

目や口元といったポイントメイクは普段の2倍ていねいに行うと華やかになります。肌は厚く塗らず「よりヌーディに、軽く、上質に」を意識しましょう。前日にパックするなどスキンケアに手をかけるのが、上質な肌への最短ルートです。

シーン
5

「仕事もいいけど恋愛も大事！」なんてったって婚活対策

男受けを狙うなら限りなくナチュラルに

ここまでメイクについていろいろお伝えしましたが、残念ながら究極の男受けメイクとは、限りなくスッピンに近い顔らしいのです（笑）。

女性たちのメイク熱とは裏腹に男性はいつだってスッピン好き（!?）。いかにも化粧している顔は敬遠されます。スッピン風なメイクだとなぜか男性は守ってあげたくなるようで、より近づきたくなるとか。

ですからメイク感は極力出さず、メイクをしていてもなじんでいることが大事です。メイクが上手なのではなく、最初から美しい顔に見せること。ナチュラルメイクが人気なのは、そんな背景があるからだと思います。
婚活対策のポイントは、「いかにメイク感を出さずに魅力的にするか」です。
健康的な女性は魅力的に映りますので、チークによる自然な血色は必須です。
口元が異常にテカテカしていたり、唇の輪郭ラインがバッチリとられていると
やりすぎに見えるので、自分の唇に近い色味を使って清潔感のある口もとをつ
くりましょう。
パールのリップライナーで輪郭をふっくらと描くこと。女性らしい丸みのあ
る、美しく整っている状態を目指す。これはかなりリアルなモテ顔だと思いま
す。

下まぶたの「母性ゾーン」に色をのせる

ぜひとり入れてほしいメイク法は、下まぶたに遊びを加えることです。下まぶたに色をのせると予想以上に印象が変わるのです。

下まぶたのキワをふっくらさせるとフェミニンな印象になり、女性らしさがアップします。あるとき、美容雑誌で風水師の方と対談したときに、そのことを話すと、「顔風水」というジャンルでは下まぶたが母性を司る場所なのだそうなのです。風水的にも婚活にいい場所と聞き、直感でやっていたのですが、顔相学の観点からも裏付けされて嬉しかったです（笑）。

下まぶたにのせるアイシャドウの色は、白っぽいパールが入っていると不自然なギャル風になってしまうので、「母性ゾーン」にのせる色はピンクゴールドや、オレンジゴールドなどの暖色系がオススメです。

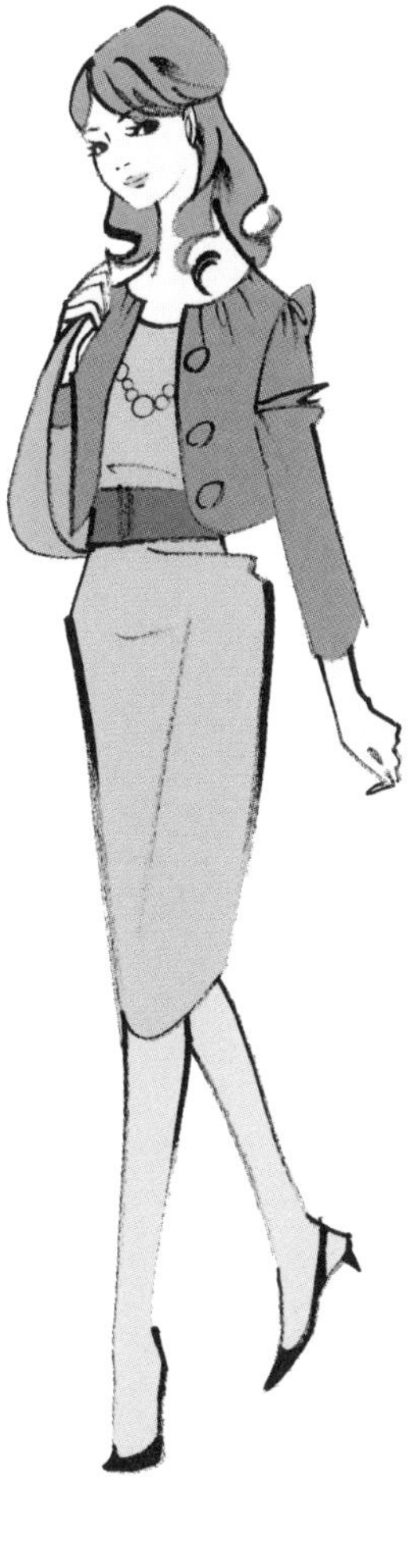

婚活メイクのポイント

口もとはみずみずしい潤いのあるイメージで。立体感とツヤ感のある、魅力的な唇をつくります。グロスを塗りすぎて下品にならないように。ピンクベージュなどで女性らしい口もとを演出しましょう。

全体の色使いもフェミニンなものを。たとえばピンクやラベンダー色のアイシャドウを選んでみてください。チークはナチュラルに。自然な血色になるようにしましょう。

あとは、黒目がちな大きな目というだけで、かわいらしさが増すので、一四六ページでお伝えしたように目もとのキワをしっかりと埋めること。マスカラを駆使して瞳の縦幅を強調してください。直線より丸い要素を増やすと、より女性としてかわいらしい要素が増えます。

ビジネスではリキッド・ライナーでキリッと締めたところを、婚活ではポワンとゆるめてください。口もとも丸く、立体的なイメージを。やはり丸いパーツのほうが、かわいらしい印象になります。

PART 2 【実践編】

4

できる顔は「美眉」で決まる

ポイント

1

眉の描き方は人生と同じ

私は雑誌やテレビなどで「美眉の伝道師」や「美眉師」という変わった肩書きで紹介されることがよくあります。眉のことなら何時間でも語れます。眉に対する情熱はだれにも負けません（笑）。

なぜ眉に関心があるかというと、顔の中で、形そのものを変えられる唯一のパーツだからです。やろうと思えばいますぐあこがれの女優さんと同じ眉にもなれます。眉も人生も自分で描ける。大げさですが、人生と同じだと思ったのです。

眉を美しく変えれば、人生も美しく花開く。

尾花流眉毛の描き方は「背骨を通す」ことがポイントになります。なにごともすじを通せばスッキリ、シャッキリする。背すじがピンとしていると、生き方にもすじが通っているように思います。

真ん中（背骨）を通せば、「左右対称に描けない」という悩みも解決できます。姿勢や習慣もあって、左右対称な顔はまずありません。左右の高さが違っても、背骨を通して、上下左右を調整します。

眉毛は形そのものを変えられるパーツだからこそ、センスも思いきり出る場所です。単純にボサボサではなく、毛並みの整った眉[※22]には高い美的センスを感じます。

※22 毛並みの整った眉
美しい眉を見つけるとすぐにスクラップしてとっておきます。すべて、毛並みの美しい自然な眉毛です。私は気に入った眉毛を集めては、日々美しいフォルムを研究しています。見ているだけで幸せです♡

ポイント
2

運を逃すダメ眉とは？

雑誌でモデルの眉を見れば「尾花メイクだとわかる」といってもらえるほど私のメイクした眉には特徴があるようです。

「なぜ尾花さんは太い眉を提唱するんですか？」と質問をよく受けます。別に太いからいいといっているのではなく、大事なのはその人に合っているかどうかです。

自然で、なにもしなくてもキレイである、そういう存在に誰しもなりたいですよね。もともと生えている毛を活かしてほしいのです。手を加えることで不自然な眉になり、逆に違和感を人に与えるようでは、それだけで損することになります。初対面の印象が三秒で決まるなら、好印象を残したほうが絶対にいいですよね。

細過ぎる眉や、まったく手入れがされていないボサボサの眉は運を逃してしまいます。

眉はあなたの個人情報と同じです。眉からいろいろなことが想像できます。手入れをしてなければ「個性が強そうだな」と思いますし、あきらかに手を加えている眉なら「すごい主張をしてくるんじゃないだろうか」などいろいろな情報を相手に与えることになります。眉の見た目から変な先入観をもたれては運を逃してしまいます。

ビジネス上の人間関係をマイナスからはじめる必要はありませんし、私は太い眉が絶対に正しいとは思いません。細い眉でないとバランスのとれない骨格の人もいるでしょう。なにが正しいのか、自分に合っているのはなにか見きわめる力が必要なのです。

ポイント

3

美眉をつくる5つの条件

中学生のころから眉にこの上ないほどの関心をもっていた私は、ありとあらゆる眉のテンプレート※23を試し、日夜、美眉を追い求めていました（こう書くと大げさですが）。よく「眉毛は顔の額縁」といいますが、正面から側面へ美しく流れてはじめて立派な額縁といえます。

長年眉を研究した私は、「美眉五カ条」をつくりました。

❶ 適度な毛並みがあること

❷ 骨格に合っていること

❸ 日本人なら色はオリーブ・ブラウン

❹ 立体感があること

※23 眉のテンプレート
薄いシートを眉の形にくりぬいたもの。

❺ もともとの太さを活かすこと

では、それぞれの条項について説明しましょう。

❶ 適度な毛並みがあること

素敵だなと思う眉にはフサフサとした適度な毛並み感があります。理想は、自然な状態――いわゆる素の眉で毛流れが整い、美しい形になっていることです。必要以上に剃ったり、切ったり、抜いたりして人工的に手を加えることによって、自然な印象から遠のいていくのは当然です。眉の長さを短く均一に切りそろえることで美しい毛流れは失われます。また、眉頭を濃くくっきりと描くときつく不自然な印象に。眉尻が薄いとまぶたがはればったく見え、顔が大きく見えてしまいます。

毛量感があると、間違いなく顔にメリハリが生まれます。

❷ 骨格に合っていること

以前、テンプレートを試しまくっていた頃、どんなものでもしっくりきませんでした。それもそのはず、理由は私の骨格に合っていなかったからです。

どんなに左右対称に描けたとしても骨格に合っていなかったら……。表情にも違和感を感じ、顔が締まらず間延びした印象にもなりかねません。眉は顔の正面と側面にわたっているパーツだからこそ、顔の奥行きを引き立たせ小顔の印象へも導くことが可能なのです。

❸ 日本人なら色はオリーブ・ブラウン

基本的には、髪色の系統に合わせて選ぶと浮かずに自然です。日本人はほとんどの方が黒髪ですし、肌にのせたときに眉〝毛の色〟として自然に発色するのは黒やグレーではなく緑のニュアンスがあるオリーブ・ブラウンなのです。全身やバストアップで自分を〝遠目〟でチェックしてください。眉色のバランスがわかりやすくなります。

❹ 立体感があること

眉を濃く描くと悪目立ちしてしまうことがあります。眉全体を同じ濃さで塗りつぶしてしまっては雪だるまか、まるでコントのような眉になり、面白い印象になってしまいます。いくら大事なパーツといっても、眉は決して主役になってはいけません。主役である目を印象的に引き立たせ、美しい顔立ちに見せるべく、名脇役である眉が存在するのです。

❺ もともとの太さを活かすこと

眉はその時代の流行を表すと言われ、細眉ブームもありました。少しずつ変化はあるものの、この10年以上太眉が主流です。日本人は欧米人に比べ、まぶたが広く骨格もややフラットですよね。眉頭を細くし眉の下側を削ってしまっては眉のカーブが強調されて目が小さく、顔は大きく見えてしまうこともあります。〝❶の毛並み〟にも通ずるところですが、必要以上に整えてはもったいないのです。

ポイント

4

背骨を通す美眉の描き方

まずは自分の眉を観察する

切ったり描いたりする前に、自眉《じまゆ》をよーく観察してください。眉の基本は自分の眉の形を生かすことです。素の眉を知らずして、美眉にはなれません。左のお手本と比べてみましょう。どこが違いますか？　はみ出た部分、たりない部分を見比べてください。

眉を描く前に抜いたり、カットしてはいけません。ガイドラインがないと、左右対称にならないからです。先に理想の眉を描いておくと、抜くべき毛、カットすべき毛が一目瞭然です。使いやすいアイブロウアイテムを使って美眉を描きましょう。※24

※24 オススメツール

●尾花ケイコのアイブローガイド&テンプレートシリーズ

著者プロデュースの眉メイクキット。これがあれば美眉は楽につくれる。

●アイブローガイド

だれでも美人眉

愛され美人眉

おとな美人眉

理想の眉

眉頭

上まぶたの目のキワから幅二〜四㎜の範囲。

眉中

眉頭と眉山の間をつなぐラインのこと。眉頭から眉山あたりまでほぼ同じ太さにするのが尾花流。

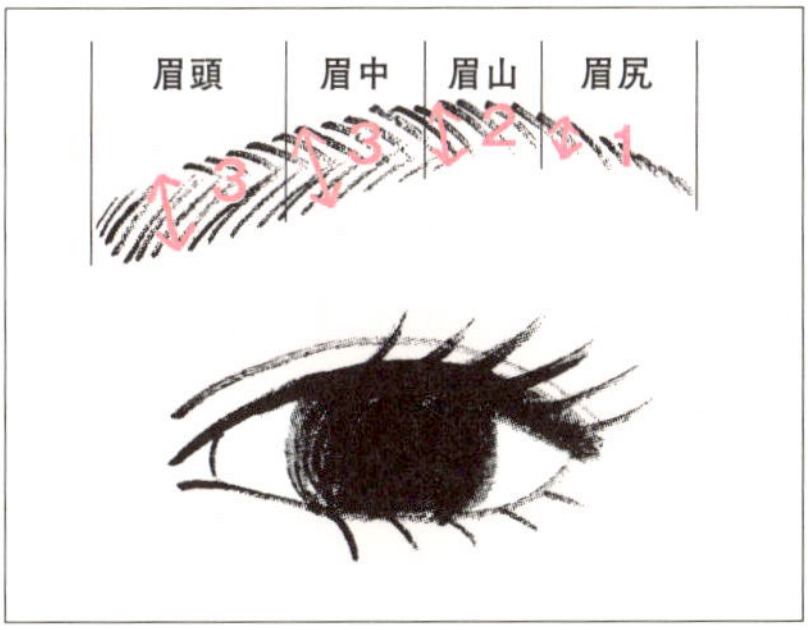

眉山

眉をグッと上げたとき、眉丘筋（眉の上側の筋肉）が盛り上がる部分が眉山の位置。ここから眉尻にかけて、徐々に細くなるようにします。

眉尻

骨格のカーブにそわせ、先端に向けて細くなるように描きます。眉尻の終わりが眉頭より低くならないようにすると、バランスもよくなります。

●アイブローテンプレート

だれでも美人眉

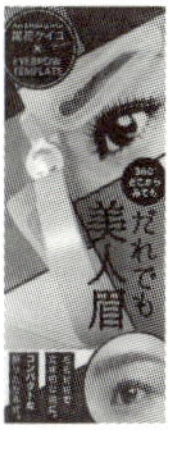

愛され美人眉

おとな美人眉

各750円（税抜）

貝印株式会社

真ん中から描く

尾花流美眉の描き方のポイントは、眉山を意識しないことです。

いままでの眉の描き方は、眉山が必ず黒目の上にくることが鉄則でした。この描き方を否定しませんが、顔の丸み（骨格）に合っていなければ意味がありません。百人いれば百通りの眉の描き方があります。私は自分の眉をあれこれいじって、試行錯誤を繰り返し、眉山を意識しなくても自分の骨格にあった眉は描ける、という結論にたどり着きました。

自己流のテクニックを編み出したきっかけは、私の眉毛が生えてこなくなったからです。十代のころから手入れをしていたので、眉頭はあるけれど、眉尻にいくにつれて点線状態に……。スカスカしていて全然毛がなかったのです。

そんな最悪の自眉をどうするか悩んだ結果、眉頭の眉幅を基準に、その幅の真ん中から眉を描きはじめたのです。真ん中から描き始めることで、左右の眉が上がり過ぎる、下がり過ぎるという失敗が防げます。小鼻から目の端の延長上に眉山に合わせて描く方法もありますが、左右の目の高さが対称でないこともあります。描くときは左右の眉毛を見比べて、形のいいほう（好きなほう）を基準にすれば失敗も少なく、美しい眉が描けます。

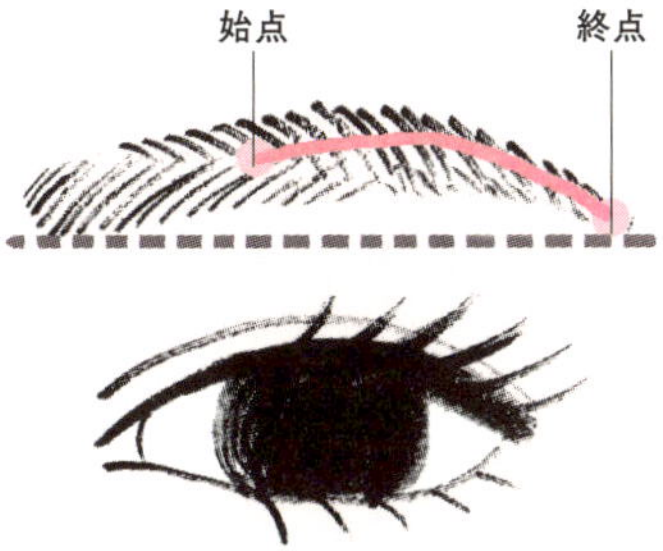

「背骨ライン」とは？

眉中央から眉尻にかけてペンシルもしくはパウダーで引く一本の線。全体の基本となる重要なライン。中心がわかれば、あとは「背骨」に従って、どこを補強すればいいのかわかります。これにより右左対称でバランスのとれた眉が描けます。

「背骨ライン」の描き方

尾花流眉メイクはこの背骨ラインが肝心です。始点と終点を見きわめ、それを結ぶように眉の中央に引きます。細めのペンシルで描きましょう。

始点

眉頭と眉山の間の位置で、上向きに生える毛と下向きの毛が交差している部分があります。この毛のたまりあたりから描きはじめましょう。たまりのわからない人は黒目の上を目安にしましょう。

終点

毛のたまり部分から描きはじめ、骨格にそって眉の中心を通り、自然に眉尻へ。眉頭から水平に引いた点線より低くならないようにしましょう。

眉の描き方　全ステップ

自分の骨格に合った、美しい眉の描き方をマスターして、ナチュラルで洗練された眉を手に入れましょう！　自然に仕上げるには、パウダーとペンシルを併用するのがコツです。パウダーで全体にボリュームを出し、たりないところはペンシルで描きたします。

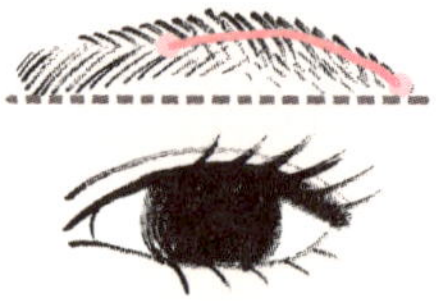

❶「背骨ライン」を決める

ペンシルで、上向きの毛と下向きの毛が交差しているあたりから、眉尻に向かって線を引きます。これが眉の基本ラインになります。

❷隙間を埋める

❶、❷で引いた背骨と下ラインの間をペンシルで埋めます。隙間がない場合も、ペンシルで描いたラインの上からパウダーを重ねるとメイクくずれの防止になります。

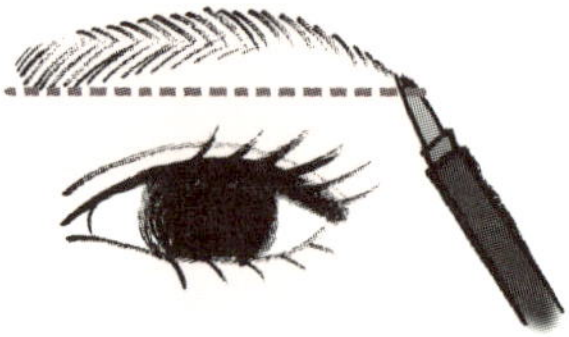

❸「眉尻」を微調整する

背骨を描いたペンシルで眉尻を微調整します。眉尻の終わりが眉頭より低くならないように。

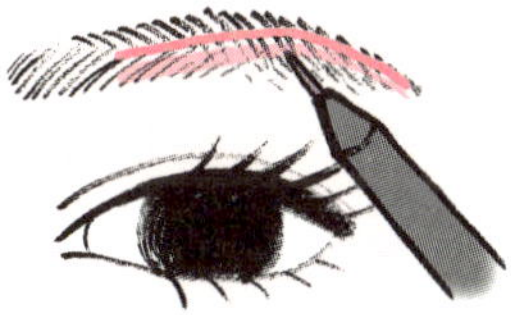

❹「下ライン」を描く

眉頭が生えている毛流れの終わりから描きはじめます。背骨ラインの真下付近よりやや内側からはじめ、眉尻で背骨とつなげます。

❺「上ライン」を肉付け

背骨ラインの上部分を、肉付けするようにパウダーで描いていきます。眉頭はまだ描かず、背骨の真上からはじめて眉尻でつなげます。

❻「眉頭」を描く

上ラインを描いたら、パウダーをつけ足さず眉頭の下半分を描きます。ブラシを立てて、背骨の始点から眉頭に色をのせます。眉頭の上半分は描かずにそのままで。

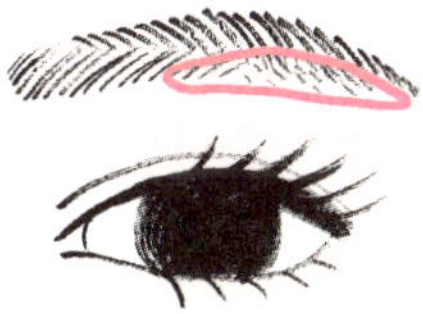

❼下の毛を処理する

ブラシでとかして毛流れを整え、❷で引いた下ラインからはみ出た毛をラインに合わせてカット。下ラインの外側から生えている毛は抜きます。

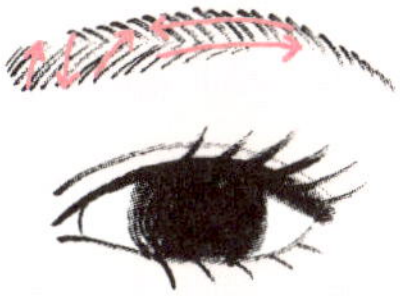

❽マスカラでカラーリング

髪を染めている人は眉の色も髪に合わせましょう。イラストの番号の順に眉マスカラを。眉頭も一度毛流れに逆らってからとかし、毛流れを整えます。

※尾花流「美眉」は「眉の中央から描く・背骨を通す」を基本の描き方としています。

おわりに――再刊行に寄せて

このたび『好感度が10倍アップするビジネスメイク術』（２０１０年刊）の再刊行にあたり、本書と改めて向き合い、七年間を振り返るよい機会をいただきました。

そして、今思うことは仕事ができる女性は〝やっぱり〟美しいということです。

この七年間で、たくさんのキャリア女性との出会いがありました。その洗練された女性らしくも、堂々とした存在感に魅了されたことを思い出します。

どんなシーンにおいても相手は〝見た目〟からあらゆる情報を受け取り、判断します。初対面なら、なおさらですよね。だからこそ、「見た目で損をしてほしくない！」とこの仕事を続けていく中で、いつも強く思っています。

自らを戦略的にブランディングすることは大いに有効で、必ず成果にもつながります。そもそもメイクは自分のために行うこと。でも、視点をちょっと変えて〝相手のために〟メイクをしてみることも大切です。私が「戦略的」という言葉をあえて使うのは、それが理由です。

それから、大人の女性に絶対的に必要な〝客観性〟を生かして、見た目の定期的なアップデートをすることもお忘れなく！　私自身も、七年前とは気分もメイクの提案もアップデートしました。〝美の更新〟をし続けることは、自分の人生を楽しむこと〟と確信しています。

そして私も楽しみながら「自己ブランディング」に励んでいます。いつまでも魅力的な自分であり続けたい、と思うから。

最後になりますが、この本に関わってくださったすべての方々に心から感謝申し上げます。

たくさんの愛を込めて。

2017年3月　尾花ケイコ

協力店

伊勢丹 新宿店　（代表）03-3352-1111

立川店　（代表）042-525-1111

浦和店　（代表）048-834-1111

西武池袋本店　イケセイキレイ ステーション　0120-500-004

貝印株式会社　お客様相談室　0120-016-410

付録

Self Blanding Work Memo

セルフブランディング

ワークメモ

STEP

1

自己分析

自分の好きなところを書き出しましょう

自分の変えたいところを書き出しましょう

STEP

2

職場環境を考える

あなたが働く職場はどんな服装がふさわしいですか？

あなたが働く職場はどんな服装がふさわしいですか？

あなたが働く職場はどんな服装がふさわしいですか？

STEP

3

メンターを持つ。そして分析する

あなたが目標とするのはどんな女性ですか？

目標に近づくためには、どんなファッション、
髪型、メイクをすればいいでしょうか？

MEMO

第一印象で好感度アップ

ビジネスメイクの新ルール

発行日　2017年3月25日　第1刷

Author　尾花ケイコ
Illustrator　湯浅望（カバー）、福原千香子（本文）
Photographer　菊岡俊子
Book Designer　吉村亮（Yoshi-des）

Publication　株式会社ディスカヴァー・トゥエンティワン
〒102-0093　東京都千代田区平河町2-16-1 平河町森タワー11F
TEL　03-3237-8321（代表）　FAX　03-3237-8323
http://www.d21.co.jp

Publisher　干場弓子
Editor　石橋和佳

Marketing Group Staff＊小田孝文　井筒浩　千葉潤子　飯田智樹　佐藤昌幸
谷口奈緒美　西川なつか　古矢薫　原大士　蛯原昇　安永智洋　鍋田匠伴
榊原僚　佐竹祐哉　廣内悠理　梅本翔太　奥田千晶　田中姫菜　橋本莉奈
川島理　渡辺基志　庄司知世　谷中卓

Productive Group Staff＊藤田浩芳　千葉正幸　原典宏　林秀樹　三谷祐一
大山聡子　堀部直人　井上慎平　林拓馬　塔下太朗　松石悠　木下智尋

E-Business Group Staff＊松原史与志　中澤泰宏　中村郁子　伊東佑真　牧野類
伊藤光太郎

Global & Public Relations Group Staff＊郭迪　田中亜紀　杉田彰子　倉田華
鄧佩妍　李瑋玲　イエン・サムハマ

Operations & Accounting Group Staff＊山中麻吏　吉澤道子　小関勝則　池田望
福永友紀

Assistant Staff＊俵敬子　町田加奈子　丸山香織　小林里美　井澤徳子
藤井多穂子　藤井かおり　葛目美枝子　伊藤香　常徳すみ　鈴木洋子
住田智佳子　内山典子　谷岡美代子　石橋佐知子　伊藤由美

Printing　株式会社シナノ

ISBN978-4-7993-2051-8